iPhone 3G

Giesbert Damaschke

Markt+Technik

Bibliografische Information Der Deutschen Nationalbibliothek
Die Deutsche Bibliothek verzeichnet diese Publikation in der Deutschen Nationalbibliografie; detaillierte bibliografische Daten sind im Internet über <http://dnb.d-nb.de> abrufbar.

Umwelthinweis:
Dieses Buch wurde auf chlorfrei gebleichtem Papier gedruckt.
Um Rohstoffe zu sparen, wurde auf Folienverpackung verzichtet.

10 9 8 7 6 5 4 3 2 1

11 10 09

ISBN 978-3-8272-4297-6

Lektorat: Boris Karnikowski, bkarnikowski@pearson.de
Herstellung: Philipp Burkart, pburkart@pearson.de
Korrektorat: Brigitte Hamerski, Willich
Coverkonzept: webwo GmbH, Marco Lindenbeck, mlindenbeck@webwo.de
Satz: mediaService, Siegen (www.mediaService.tv)
Druck und Verarbeitung: Druckerei Wilco, Amersfoort, NL
Printed in the Netherlands

Inhalt

Liebe Leser,

damit ich's Ihnen gleich zu Beginn gestehe: Ich mag keine Handys. Warum ich dann trotzdem ein iPhone-Buch geschrieben habe? Nun, ganz einfach: Weil das iPhone kein Handy ist, sondern ein Computer, mit dem man zufällig auch telefonieren kann. Und Computer finde ich sehr faszinierend – erst recht, wenn sie so handlich daherkommen wie das iPhone.

Aber der Reihe nach.

Handys waren für mich lange Zeit lästige, wenn auch leider notwendige Begleiter, deren unleugbare Vorteile durch ein Übermaß an Unbequemlichkeit doch recht teuer erkauft wurden.

Moderne Smartphones – also die Kombination aus Handy und Taschencomputer – sind zwar enorm leistungsfähig und können unglaublich viel. Doch was nützen die tollsten Features, wenn sie im Alltag eine stete Quelle leidiger Frustration sind?

Da verheddert man sich in weitverzweigten Menüstrukturen, ärgert sich mit mehrfach belegten Minitasten herum und versucht ein ums andere Mal, mit einem kleinen Stift auf mickrigem Bildschirm winzige Symbole zu treffen.

Das änderte sich im Spätherbst 2007. Zu diesem Zeitpunkt nämlich kam das in den USA vielbestaunte iPhone von Apple auch hierzulande auf den Markt – und ich staunte nicht schlecht.

Das iPhone unterscheidet sich radikal von allen anderen mobilen Geräten die ich, vom Handy über den PDA bis zum Smartphone, bis dahin in der Hand gehabt habe. Es gibt nicht nur keine mickrigen, es gibt überhaupt keine Tasten, es gibt keine kruden Menüs, der Bildschirm ist schlichtweg atemberaubend gut und das Bedienkonzept revolutionär. Man braucht keinen Stift, es reicht der Zeigefinger: Mit dem iPhone wird der bekannte Slogan „The world at your fingertip" wortwörtlich wahr. Noch nie war so viel Technik auf so kleinem Raum so einfach und so angenehm zu handhaben wie mit dem iPhone.

Mit dem iPhone ist mobile Technik zum ersten Mal nicht nur enorm leistungsfähig, sondern auch wirklich bedienbar geworden. Im Vergleich zu diesem kleinen Wunder scheinen mir alle anderen mobilen Geräte kaum mehr als ein Versprechen zu sein, das erst vom iPhone eingelöst wird.

Das iPhone ist mehr als ein Handy – es ist eine eigenständige Plattform für mobile Anwendungen aller Art, ein kompletter, leistungsfähiger Unix-Computer, mit permanentem Internetzugang, der problemlos in die Handfläche passt. Natürlich kann man mit dem iPhone auch telefonieren. Aber das ist nur eine von praktisch unendlich vielen Einsatzmöglichkeiten (und mal ehrlich, so ganz unter uns: es ist noch nicht einmal die interessanteste).

Das iPhone wurde in kürzester Zeit mein wichtigster mobiler Begleiter, der mein bisheriges Handy, meinen iPod und meinen Palm-PDA ersetzt hat.

Dank der schier unbegrenzten Erweiterbarkeit durch zahlreiche Programme gibt es praktisch nichts, was Sie mit diesem Gerät nicht machen können.

Sie können das iPhone als Allround-Phone mit Termin- und Kontaktverwaltung im knallharten Geschäftsalltag einsetzen, aber auch als Spielekonsole benutzen. Sie können es als Dateiserver ins Netzwerk einbinden oder via Internet mit dem iPhone einen Windows-Server fernwarten. Sie können damit im Internet surfen, E-Mails schreiben, Ihr Blog oder Ihre Homepage pflegen und vieles, vieles mehr.

Es ist nicht nur verblüffend, was mit diesem Gerät möglich ist, auch die Liebe der iPhone-Entwickler zum Detail lässt mich jedes Mal erneut staunen. Das iPhone ist nicht einfach nur ein nützlicher, digitaler Begleiter, es ist auch ungemein angenehm und es macht einfach Spaß, mit diesem Gerät zu arbeiten oder auch nur herumzuspielen. Das ist übrigens keine Kleinigkeit oder eine zu vernachlässigende Spielerei, sondern gehört ganz wesentlich zur Funktionalität des iPhones.

Ein Gerät, das darauf ausgelegt ist, dass man es ständig dabei hat, darf sich nicht sperrig, unhandlich oder lästig anfühlen. Lästige Dinge werden gerne liegen gelassen oder daheim vergessen. Ein mobiles Gerät ist aber nur dann nützlich, wenn es wie selbstverständlich mitgenommen wird – also wenn es nützlich und angenehm zugleich ist. So, wie das iPhone.

Ihr

Giesbert Damaschke

Was Sie in diesem Buch erwartet

Damit auch Sie so viel Spaß und Freude am iPhone haben wie ich, habe ich dieses Buch geschrieben. Ich möchte Ihnen zeigen, was das iPhone außer telefonieren noch so alles kann. Und damit Sie wissen, was Sie erwartet, gebe ich Ihnen an dieser Stelle schon einmal einen kleinen Überblick.

Kapitel 1: Grundlagen

Am Anfang steht, wen wundert's?, eine grundlegende Einführung in die allgemeine Bedienung des iPhones. Hier geht es um die ersten Fragen wie: Was ist das iPhone? Wie aktiviert man es? Wie bekommt man Daten auf das Gerät? Wie funktioniert das Headset?

Kapitel 2: Das iPhone als Info-Zentrale

Das zweite Kapitel widmet sich den PDA-Funktionen des iPhones, also den Möglichkeiten, die Ihnen das Gerät zur Verwaltung Ihrer persönlichen Daten vom Kalender über die Kontakte bis zu den Notizen bietet.

Kapitel 3: Die Telefonfunktionen des iPhones

Im dritten Kapitel vergessen wir einmal kurz, dass das iPhone ein Computer ist und konzentrieren uns auf seine Handy- bzw. Telefonfunktionen – vom einfachen Anruf über die Telefonkonferenz bis zum Versand und Empfang von SMS.

Kapitel 4: Mit dem iPhone ins Internet

Im vierten Kapitel machen wir das, was ich mit einem iPhone am liebsten tue, nämlich unterwegs ins Internet zu gehen. Hier erfahren Sie alles über den mobilen Webbrowser Safari und das Mailprogramm des iPhones.

Kapitel 5: Raum und Zeit

Hier geht es um die GPS-Funktionalität des iPhones, um die interne Uhr und natürlich um eine meiner Lieblingsapplikationen: Google Maps auf dem iPhone (das hier schlicht Karten heißt).

Kapitel 6: Da steckt Musik drin!

Apples iPod ist der erfolgreichste mobile Medienplayer der Welt. Kein Wunder, dass Apple ihn auch im iPhone eingebaut hat. Im sechsten Kapitel dreht sich alles um die musikalischen Fähigkeiten des iPhones.

Kapitel 7: Foto und Film

Hier erfahren Sie alles Wissenswerte über die eingebaute Kamera, wie Sie auf dem iPhone eine Diashow veranstalten und wie Sie Filme via YouTube auf Ihrem iPhone sehen können.

Kapitel 8: Das iPhone Ihren Wünschen anpassen

Das iPhone ist von Haus aus auf „auspacken und loslegen" ausgelegt. Aber das heißt natürlich nicht, dass Sie es nicht Ihren Wünschen anpassen können.

Kapitel 9: Tipps für Not- und andere Fälle

Nichts ist perfekt – auch das iPhone nicht. Wenn das iPhone einmal nicht das tut, was Sie sich vorstellen oder nicht mehr auf Ihre Eingaben reagiert, dann schlagen Sie in diesem Kapitel nach, was zu tun ist. Und damit es nicht nur um Pannen und Probleme geht, habe ich noch ein paar allgemeine und nützliche Tipps zum iPhone dazu gepackt.

Zu den Abbildungen in diesem Buch

Die meisten Screenshots in diesem Buch wurden mit der iPhone-Software 2 bzw. 2.1 gemacht, die in kleinen Details von dem, was Sie auf Ihrem iPhone sehen, abweichen können.

Die iTunes-Screenshots zeigen überwiegend iTunes 7 bzw. iTunes 8 auf einem Mac. Die Software sieht unter Windows geringfügig anders aus.

Die generelle Funktionsweise und die Bedienung des iPhones ist von diesen optischen Unterschieden natürlich nicht betroffen.

1

Erste Schritte mit dem iPhone

Da ist es also nun, Ihr iPhone und vermutlich möchten Sie sofort damit herumspielen – wozu ich Sie übrigens nur ermuntern kann, Apples Produkte fordern einen nicht nur dazu heraus, sondern das „Learning by doing" ist einer der Leitgedanken bei Apples Hard- und Software. Ein paar Dinge sollten Sie allerdings vorher wissen und eventuell müssen Sie zuerst auch noch iTunes installieren. Aber fangen wir einfach an.

Was Sie tun sollten, bevor Sie Ihr iPhone auspacken

Das iPhone benötigt für den Betrieb zwingend das Programm Apple iTunes. Das war ursprünglich eine Software zur Verwaltung von Musik und Videos, inzwischen hat Apple das Programm zu einer zentralen Medien-Plattform entwickelt. Wir werden uns im Verlaufe des Buches noch häufiger mit iTunes beschäftigen, jetzt sollten Sie zuerst dafür sorgen, dass Sie die aktuelle Version von iTunes auf Ihrem Computer haben.

Apple stellt iTunes für Windows und für Mac OS X zur Verfügung. Wenn Sie einen Mac haben, sind Sie fein raus, da gehört iTunes zur Standardinstallation. Bei Windows ist das nicht der Fall, hier müssen Sie gegebenenfalls iTunes zuerst aus dem Internet laden und auf Ihrem Computer installieren.

Windows: iTunes installieren

iTunes für Windows finden Sie auf den Webseiten von Apple unter der Adresse *www.itunes.de/download/*. Steuern Sie diese Seite mit Ihrem Webbrowser an und klicken Sie dort auf die große Schaltfläche **Jetzt laden**.

Mac OS X: iTunes aktualisieren

Als Mac-Anwender sollten Sie sich vor der Inbetriebnahme des iPhones vergewissern, dass Sie die aktuellste Version von iTunes benutzen. Rufen Sie dafür die ** > Softwareaktualisierung** auf. Falls es eine neue Version von iTunes gibt, erfahren Sie es hier und können sie auch gleich installieren.

Um das iPhone nutzen zu können, benötigen Sie nicht nur die Player-Software iTunes, sondern auch einen Account bei Apple. Den gibt es kostenlos und die Einrichtung dauert nur ein paar Sekunden.

Das iPhone stellt sich vor

Schauen wir uns das iPhone und die verschiedenen Hardware-Komponenten einmal kurz etwas genauer an.

Das iPhone eingeschaltet und aktiviert (links) und von hinten (Foto: Apple)

1 Standby-Taste (Ein-/Ausschalter) Hiermit schalten Sie das iPhone ein bzw. aus. Mit einem kurzen Druck wechseln Sie zwischen Standby und Betrieb, halten Sie den Schalter ca. 5 Sekunden gedrückt, können Sie das iPhone komplett ausschalten.

2 SIM-Slot Unauffällig und kaum zu sehen: der Slot der SIM-Karte. In dem schwarzen Mäppchen, das zum Lieferumfang des iPhone gehört, finden Sie eine kleine Klammer, mit der Sie die Karte herausnehmen können.

3 Der Kopfhörer-Anschluss Der mitgelieferte Kopfhörer ist ein Headset und besteht aus Kopfhörer und Mikrofon. Damit Sie bequemer telefonieren können.

4 Stummschalter Mit dem kleinen Schalter an der linken Seite schalten Sie den Klingelton aus und wieder an. Drücken Sie den Schalter nach links (bei senkrecht gehaltenem Gerät), klingelt Ihr iPhone, drücken Sie ihn nach rechts, vibriert es nur noch (falls Sie diese Funktion aktiviert haben, aber dazu später mehr). Wenn Sie einen roten Punkt auf dem Schalter sehen, ist die Klingel ausgeschaltet.

5 Zimmerlautstärke Über den Kippschalter an der Seite regeln Sie die Lautstärke von Klingelton, Musik und Ähnlichem. Der obere Teil erhöht die Lautstärke, der untere verringert sie.

6 **Der Hörer** Hier – nun ja – hören Sie Ihren Gesprächspartner, wenn Sie telefonieren.

7 **Der Lautsprecher** Musik und Tonaufnahmen aller Art können Sie nicht nur mit Kopfhörer, sondern mit dem integrierten Lautsprecher anhören.

8 **Der Connector** Hier kommt das Anschlusskabel hinein, dessen anderes Ende in die USB-Buchse des Computers/des Netzteils gesteckt wird.

9 **Das Mikrofon** Damit Sie beim Telefonieren auch etwas sagen können.

10 **Die Linse** Über diese Linse wird die Kamera des iPhones mit Daten versorgt.

11 **Home-Taste** Mit einem Druck auf diesen Knopf gelangen sie immer zum Startbildschirm zurück.

12 **Speicherangabe** Das iPhone gibt es in schwarz mit 8 und 16 sowie in schwarz oder weiß mit 16 GB Speicher.

Das Headset

Zum Lieferumfang des iPhones gehört natürlich auch ein Headset, also eine Kombination von Kopfhörer mit Mikrofon. Schließlich ist das iPhone auch ein iPod, also eine Variante von Apples phänomenal erfolgreichem Medienplayer, mit dem Sie Filme und Musik auf Ihrem iPhone wiedergeben können. Mit dem Headset können Sie nicht nur Musik hören, sondern – Sie werden es sich schon gedacht haben – natürlich auch telefonieren.

Dabei ist das Mikro nicht einfach nur ein Mikro, sondern eine Kombination aus Mikrofon und Schalter.

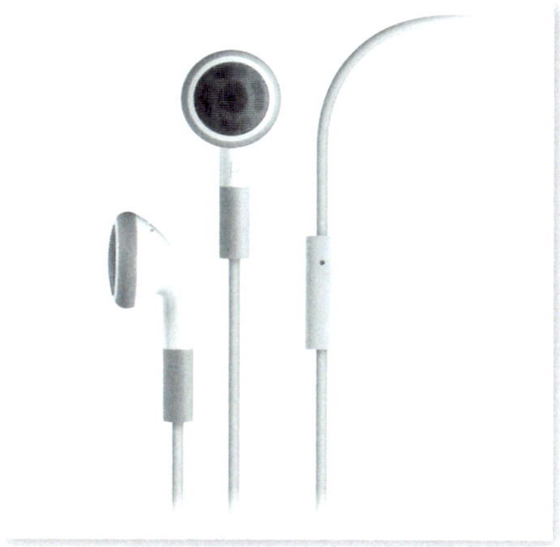

Das Mikrofon des Headsets ist so klein, dass man es fast übersehen könnte. Dabei ist es obendrein auch noch ein Schalter. (Foto: Apple)

Der Schalter hat mehrere Funktionen. Hören Sie mit Ihrem iPhone Musik und Sie werden angerufen, genügt ein kurzer Druck auf den Schalter, um vom iPod zum Anruf umzuschalten. Ist das Gespräch beendet, drücken Sie noch einmal kurz und schon wechselt das iPhone wieder vom Telefon zum iPod und setzt die Wiedergabe an der Stelle fort, an der Sie es unterbrochen haben.

Möchten Sie den nächsten Song hören, genügt ein Doppelklick, um zum nächsten Track zu wechseln, mit einem Dreifachklick springen Sie einen Song zurück.

Das Verbindungskabel

Damit Ihr iPhone Daten mit Ihrem Computer austauschen kann, gehört auch ein Verbindungskabel zum Lieferumfang.

Das USB-Kabel für den Anschluss des iPhones an Ihren Computer und an das Netzteil (Foto: Apple)

Das flache Ende stecken Sie in den Connector an Ihrem iPhone (das ist die untere Buchse), den USB-Stecker in den USB-Port. Dabei wird das iPhone übrigens auch gleichzeitig aufgeladen.

Das Kabel benötigen Sie auch, um das iPhone über das Netzteil aufzuladen.

Das USB-Netzteil

Das iPhone wird automatisch aufgeladen, wenn Sie es mit Ihrem Computer verbinden. Es geht aber auch anders, nämlich über das Netzteil. Das geht ein wenig schneller und Sie haben am Computer einen USB-Port mehr zur Verfügung.

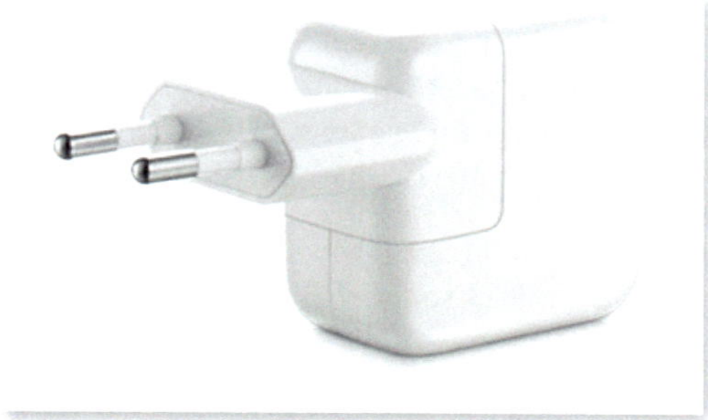

Das mitgelieferte USB-Netzteil wird aus zwei Teilen zusammengesteckt und ist ganz erstaunlich kompakt. Sie können es übrigens auch benutzen, um Ihren iPod aufzuladen.

Notwendige Vorbereitungen

Bevor Sie Ihr iPhone benutzen können, müssen Sie zwei und sollten Sie drei Dinge tun: 1. Sie müssen die SIM-Karte einlegen. 2. Sie müssen das iPhone aktivieren. Und 3. Sie sollten nach Software-Updates suchen und gegebenenfalls installieren. Denn wie bei jedem Computer wird auch beim iPhone das Betriebssystem kontinuierlich weiterentwickelt. Da kann es durchaus sein, dass Ihr iPhone mit einer nicht ganz aktuellen Version ausgeliefert wurde. Gehen wir die drei Schritte kurz durch.

So legen Sie die SIM-Karte ein

Wie jedes Handy braucht auch das iPhone zwingend eine SIM-Karte. Die bekommen Sie von T-Mobile zusammen mit Ihrem iPhone. Bleibt nur das kleine Problem, wie Sie diese SIM-Karte in das iPhone bekommen.

Als ich mein iPhone bekam bin ich an dieser Aufgabe fast verzweifelt und habe mich doch recht über Apple und T-Mobile geärgert. Dabei ist es eigentlich ganz einfach. Wenn man weiß, wie es geht. Und das verrate ich Ihnen jetzt, um Ihnen meinen Ärger zu ersparen.

Schauen Sie einmal in das schwarze Mäppchen, das Sie im iPhone-Karton finden. Klappen Sie es auf, dann sehen Sie als Erstes einen silbernen Metallgegenstand, der ein wenig so aussieht wie eine stilisierte Büroklammer. Auf der Innenseite gegenüber sehen Sie eine Skizze, die diese Büroklammer in Aktion zeigt. Denn damit ziehen Sie oben am iPhone die SIM-Halterung heraus.

Der SIM-Karten-Zieher befindet sich samt schematischer Anleitung in der kleinen schwarzen Mappe, die zum Lieferumfang des iPones gehört.

Und genau das sollten Sie nun auch tun. Ziehen Sie die Halterung heraus, legen Sie die SIM-Karte ein (da eine Ecke der Karte abgeschnitten ist, können Sie die Karte überhaupt nicht falsch herum einlegen) und schieben Sie die Halterung wieder in Ihr iPhone.

Fertig. Es kann losgehen.

Einschalten, ausschalten, ganz ausschalten. Und wieder einschalten

Nachdem Sie die Karte eingelegt haben, können Sie Ihr iPhone einschalten. Halten Sie dafür den Schalter oben rechts einige Sekunden gedrückt. Das iPhone macht das, was ein Computer beim ersten Einschalten tut: es „bootet", also es lädt sein Betriebssystem. Das kann schon mal ein paar Sekunden dauern, währenddessen Sie den Apfel auf dem Display bewundern dürfen. Anschließend erscheint der Hinweis, dass Sie das iPhone jetzt mit iTunes verbinden sollen.

Das tun wir aber noch nicht, sondern schalten das Gerät gleich mal wieder aus. Drücken Sie dafür kurz auf den Schalter rechts oben. Der Bildschirm erlischt, das iPhone ist im Standby-Betrieb. In diesem Modus kann es zum Beispiel immer noch angerufen werden, E-Mails empfangen, als Wecker eingesetzt werden oder Musik wiedergeben.

Um aus dem Standby-Betrieb wieder in den aktiven Modus zu wechseln, drücken Sie entweder einmal oben kurz auf den Schalter rechts oder auf die Home-Taste unten.

Nach einem etwas längeren Druck auf die Standby-Taste oben rechts können Sie das iPhone über einen roten Schiebeschalter ausschalten.

Um es komplett auszuschalten, halten Sie den Schalter oben rechts ein paar Sekunden lang gedrückt, bis ein roter Schiebeschalter erscheint. Schieben Sie den Schalter mit dem Finger nach rechts. Das iPhone fährt nun herunter – was wie bei einem normalen Computer auch beim iPhone ein paar Sekunden dauern kann – und schaltet sich anschließend komplett aus.

So. Nachdem wir das Ein- und Ausschalten gelernt haben, wird es jetzt endlich ernst: Schalten Sie das iPhone wieder ein. Es geht weiter.

Das iPhone aktivieren

Verbinden Sie das iPhone mit dem USB-Kabel mit Ihrem Computer und starten Sie auf dem Computer iTunes. Sobald das Programm aktiv ist und eine Internetverbindung besteht, wird Ihr iPhone aktiviert und kann ab sofort benutzt werden.

Das iPhone aktualisieren

Nach der Aktivierung sucht iTunes automatisch nach der neuesten Softwareversion für das iPhone. Sollte es dabei fündig werden, wird Ihnen angeboten, das iPhone zu aktualisieren, was Sie auf jeden Fall tun sollten. Sobald Sie der Aktualisierung zugestimmt haben, geht der Rest automatisch. Sie dürfen natürlich nicht das iPhone vom Computer trennen.

Wenn Sie nach Abschluss der Aktivierung sicher sein wollen, dass Sie auch tatsächlich die neueste iPhone-Software installiert haben, können Sie auf der Registerkarte **Übersicht** in iTunes auf die Schaltfläche **Nach Updates suchen** klicken.

Normalerweise kümmert sich iTunes automatisch um die Aktualisierung Ihres iPhones. Sie können diesen Vorgang aber mit einem Mausklick auch forcieren.

Das iPhone von Ihrem Computer trennen

Anders als manche anderen USB-Geräte wie Memory-Sticks oder Festplatten, können Sie das iPhone im Prinzip jederzeit von Ihrem Computer trennen, ohne es zuerst vom System abmelden zu müssen. Das ist auch gut so – stellen Sie sich vor, Sie haben Ihr iPhone an Ihren Computer angeschlossen und just in dem Moment kommt ein wichtiger Anruf rein. So schnell, wie der Anrufer wieder auflegt, hätten Sie Ihr iPhone vermutlich gar nicht abgemeldet bekommen.

Vorsicht!

Sie können Ihr iPhone nicht unter allen Umständen einfach abklemmen. Wann immer Daten zwischen iPhone und Computer ausgetauscht werden – etwa bei der Aktualisierung oder bei der Synchronisation der Daten zwischen iPhone und Computer – sollten Sie das iPhone auf keinen Fall abziehen. Achten Sie einfach auf entsprechende Hinweise von iTunes.

Das iPhone aufladen

Wie jedes elektronische Gerät benötigt auch das iPhone Strom. Zur Stromversorgung besitzt es einen Lithium-Ionen-Akku, der festverbaut im Gerät sitzt und von Ihnen nicht ausgetauscht werden kann (also jedenfalls nicht, wenn Sie nicht gewillt sind, Ihrem iPhone mit einem Schraubenzieher und etwas Mut zu Leibe zu rücken).

Der Akku wird aufgeladen, sobald Sie Ihr iPhone mit Ihrem Computer verbinden. Schneller geht es, wenn Sie Ihr iPhone an das Netzteil anschließen. Solange der Akku noch geladen wird, zeigt das Batteriesymbol oben links einen kleinen Blitz, ist er voll aufgeladen, einen Stecker.

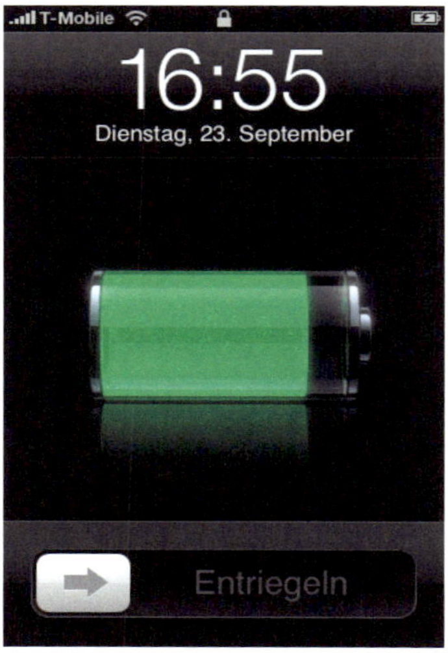

Während des Ladevorgangs zeigt das iPhone statt der üblichen Weltkugel (die Sie natürlich ändern können, aber dazu später) einen grüne Batterie als Ladeanzeige.

Der Bildschirm des iPhones

Wie alle modernen Computer – und wie gesagt: Das iPhone ist ein Computer, mit dem man auch telefonieren kann – wird auch das iPhone über ein so genanntes GUI, ein „Graphical User Interface", also eine „grafische Benutzeroberfläche" gesteuert. Die funktioniert genau so, wie Sie es von Ihrem Computer kennen. Na ja, fast genau so.

Der Touchscreen

Das iPhone ist die derzeit konsequenteste und leistungsfähigste Umsetzung des Touchscreen-Verfahrens. Dabei wird der Bildschirm zu einer berührungsempfindlichen Fläche, auf der Sie mit dem Finger herumtippen können, um bestimmte Aktionen auszulösen. Sie benötigen zur Bedienung des iPhones keinen Stift („Stylus"), sondern nur Ihren Finger.

Dieses grundlegende Bedienkonzept des iPhones haben Sie bereits beim ersten Einschalten kennen gelernt: der Schalter, den Sie mit dem Finger nach rechts schieben können, um auch bei dem noch nicht aktivierten Gerät einen Notruf absetzen zu können. Später wird über diese Geste das iPhone entriegelt.

Dabei ist das Display nicht einfach nur ein Touchscreen, sondern ein Multitouch-Bildschirm. Das bedeutet, dass nicht nur eine, sondern bis zu drei gleichzeitige Berührungen erkannt werden. Damit lassen sich völlig neue Bedienkonzepte realisieren, die Apple etwa mit der Zoom-Funktion nutzt (dazu weiter unten mehr).

Der Home-Bildschirm

Wenn Sie das iPhone nach der Aktivierung und Aktualisierung einschalten, ist das iPhone verriegelt, um eine versehentliche Bedienung des Geräts zu verhindern. Sie entriegeln es, indem Sie den Schiebeschalter mit dem Finger von links nach rechts schieben.

Die Entriegelung des iPhones dürfte in Zukunft einer Ihrer häufigsten Fingerbewegungen werden.

Vermutlich müssen Sie auch zuerst die SIM-Karte entsperren. Tippen Sie dazu den Zahlencode (den Sie in den Unterlagen zu Ihrer SIM-Karte finden) über die eingeblendete Zifferntastatur ein.

Nachdem Sie Ihr iPhone entriegelt und den SIM-Code eingegeben haben, sehen Sie einen Bildschirm mit 18 Symbolen, wobei vier Symbole auf einer Leiste am unteren Rand abgelegt sind, während die übrigen 14 Symbole auf der schwarzen Fläche darüber untergebracht sind.

Dabei handelt es sich, Sie werden es sich gedacht haben, um die Symbole der 18 standardmäßig installierten Programme des iPhones.

Doch das ist noch nicht alles. Am unteren Rand der schwarzen Fläche sehen Sie zwei kleine Punkte: einen weißen und einen grauen. Dabei handelt es sich um die iPhone-typische Information, dass es noch einen weiteren Bildschirm gibt.

Apple hätte natürlich auch das **Kontakte**-Symbol auf den ersten Bildschirm packen können – aber dann hätten Sie nicht sofort gesehen, wie diese Bildschirme des iPhones genutzt werden können.

Um zu diesem zweiten Bildschirm zu gelangen, schieben Sie die aktuelle Anzeige mit dem Finger einfach nach links. Sie sehen nun ein weiteres Symbol und die kleine Punktanzeige unten ändert sich: Der bisher weiße Punkt wird grau, der bisher graue Punkt wird weiß. Die beiden Punkte zeigen also nicht nur, dass es zwei Bildschirmseiten gibt, sondern informieren Sie auch darüber, auf welcher Seite Sie sich aktuell befinden.

Die untere Leiste wird von Apple **Dock** genannt. Sie werden bemerkt haben, dass die hier abgelegten Symbole sich beim Bewegen des Bildschirms nicht von der Stelle gerührt haben. So haben Sie die vier im Dock abgelegten Programme von jeder Bildschirmseite aus im direkten Zugriff.

Den Bildschirm des iPhones können Sie Ihren Wünschen anpassen und etwa die Belegung des Docks verändern. Wie das geht, erfahren Sie im Kapitel 8.

Fingerübungen

Ein Gerät, bei dem das einzige Eingabeinstrument der eigene Finger ist, muss mit einigen Besonderheiten aufwarten, damit man es überhaupt bedienen kann.

Einige Steuerungen des iPhones haben Sie bereits kennen gelernt, zum Beispiel das „Wischen“, das bei einem Computer dem „Scrollen“ entspricht. Dabei streichen Sie mit dem Finger über den Bildschirm und verschieben so den Inhalt nach links oder rechts, aber auch nach oben und unten.

Der gewohnte Mausklick wird durch einen Fingertipp ersetzt. Wann immer Sie ein Element auf dem Bildschirm auswählen oder einen Schalter betätigen möchten, tippen Sie einfach auf den Bildschirm.

Mit zwei Fingern können Sie im Browser, bei Fotos und einigen anderen Programmen den Inhalt vergrößern bzw. wieder verkleinern.

Neu und ohne Parallele beim Computer ist die Zoom-Funktion mit den Fingern. Dabei setzen Sie zwei Finger auf den Bildschirm – typischerweise den Daumen und den Zeigefinger – und vergrößern den Bildschirminhalt, indem Sie die Finger auseinanderziehen. Durch Zusammenziehen der Finger wird der Inhalt wieder verkleinert. Diese Technik wird zum Beispiel beim Webbrowser oder bei Fotos benutzt.

Programme starten und beenden

Wenn Sie auf Ihrem Computer ein Programm starten, dann klicken Sie das Programmsymbol mit der Maus doppelt an. Auf dem iPhone funktioniert das ähnlich, nur dass Sie hier keinen Doppelklick benötigen, sondern einen einfachen Fingertipp: Tippen Sie das Symbol des gewünschten Programms (etwa: Kalender) einmal mit dem Finger an und das Programm startet.

Um ein Programm zu verlassen, drücken Sie die Home-Taste (also die Taste unten am Bildschirm). Sie finden sich auf der Bildschirmseite wieder, von der aus Sie das Programm gestartet haben.

Beim Verlassen eines Programms wird dieses automatisch beendet. Anders als auf einem Mac läuft es also nicht im Hintergrund weiter.

Der Statusbalken

Am oberen Rand des Bildschirms sehen Sie den Statusbalken. Hier sehen Sie, wie gut die Empfangsqualität des Funksignals Ihres Providers ist und direkt daneben seinen Namen (in Deutschland also T-Mobile). Daneben sehen Sie, über welche Verbindung das iPhone aktuell online ist (E für Edge, 3G für UMTS/3G und ein tortenstückähnliches Symbol für WLAN/Wi-Fi). In der Mitte steht die aktuelle Uhrzeit, rechts außen der Ladezustand der Batterie.

Der Statusbalken am oberen Rand des Bildschirms gibt Ihnen Aufschluss über den Zustand Ihres iPhones. In diesem Beispiel: Die Telefon-Verbindung zu T-Mobile ist sehr gut, bei der Datenverbindung wird WLAN benutzt (der Empfang ist gut, könnte aber ein wenig besser sein), der rundumlaufende Strich („Throbber") zeigt an, dass Daten geladen werden. Es ist 15.08 Uhr. Der blaue Pfeil rechts zeigt an, dass Musik wiedergegeben wird. Das stark stilisierte B ist das internationale Zeichen für Bluetooth (das also ebenfalls aktiviert ist), der Akku ist fast voll, wird aber noch geladen.

Einige Bedienelemente des iPhones

Der Bildschirm des iPhones bietet eine Auflösung von 320 × 480 Bildpunkten. Das ist für ein Gerät dieser Größe zwar sehr beachtlich, aber für die typischen Bedienelemente einer Benutzeroberfläche eher wenig. Doch die iPhone-Entwickler haben sich einiges ausgedacht, um die zur Verfügung stehende Fläche optimal zu nutzen und dabei gleichzeitig die Klippe der Unbedienbarkeit, an der so viele Geräte dieser Größe immer wieder scheitern, erfolgreich zu umschiffen.

Untermenüs mit Pfeilen aufrufen

Das häufigste Bedienelement, auf das Sie beim iPhone stoßen werden, ist ein Pfeil nach rechts. Wann immer Sie so einen Pfeil sehen, können Sie mit einem Fingertipp ein Untermenü aufrufen. Dabei rutscht der aktuelle Bildschirminhalt nach links und von rechts das Untermenü herein. Gleichzeitig erscheint oben links eine pfeilförmige Schaltfläche, in der der Name des übergeordneten Menüpunktes erscheint. So können Sie etwa in den **Einstellungen** (auf dem Home-Bildschirm) in das Menü **Allgemein** wechseln und von dort nach **Info**. Über die Pfeile oben links gelangen Sie wieder zurück zu **Allgemein** und anschließend zu den **Einstellungen**.

Wann immer Sie einen Pfeil nach rechts oder links sehen, geht es ein Untermenü vor oder zurück.

Schalter und Regler

Manche Optionen beim iPhone lassen sich von Ihnen ein- bzw. ausschalten. Dazu dient ein Schiebeschalter, den Sie mit einem Tipp bedienen. Steht der Schalter auf Aus, ist er gegraut und die Schaltfläche zeigt einen Kreis. Ist er dagegen eingeschaltet, wird er eingefärbt (meistens blau, aber nicht immer) und zeigt einen senkrechten Strich.

Neben diesen Ein-/Ausschaltern gibt es noch Schieberegler, mit denen Dinge wie Lautstärke oder Helligkeit eingestellt werden.

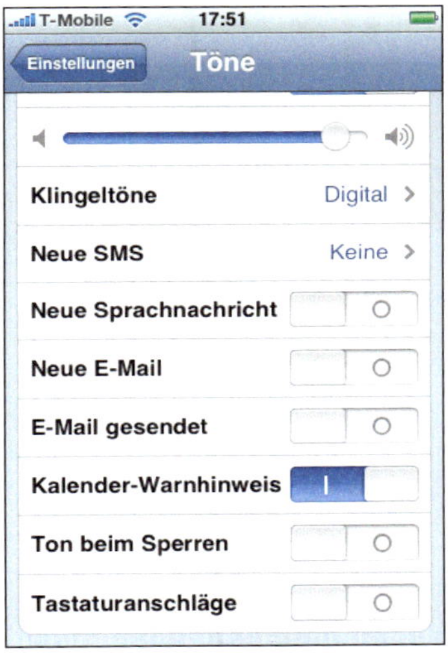

Mehrere Bedienelemente des iPhones auf einen Blick: Schieberegler, Pfeile und Ein-/Ausschalter

Index und Listen

Wenn es darum geht, viele Informationen in Listenform darzustellen – etwa in den Kontakten oder eine Songliste im iPod – wird am linken Rand ein kleiner alphabetischer Index eingeblendet. Tippen Sie hier auf einen Buchstaben, springt die Listendarstellung automatisch zum entsprechenden Eintrag.

Ein typisches Element grafischer Benutzeroberflächen sind Dropdown-Listen, in denen verschiedene Einträge zur Auswahl aufgeführt sind. Sollen Sie etwa in einem Formular ein Datum eintragen, kann Ihnen eine solche Liste die zwölf möglichen Monatsnahmen vorgeben. Sie müssen also nicht „Oktober" eintippen, sondern klicken diesen Eintrag in der Liste an. Das ist bequemer und vermeidet gleichzeitig Fehleingaben durch Tippfehler.

Beim iPhone werden Dropdown-Listen in einer etwas verspielten, aber platzsparenden Variation benutzt. Statt die Einträge in Listenform darzustellen, werden sie auf der Außenseite breiter Rollen platziert, die Sie mit dem Finger drehen können. Sobald der gewünschte Wert erscheint, tippen Sie ihn an und der Eintrag wird übernommen.

Durch den alphabetischen Index am rechten Rand können Sie sich auch in umfangreichen Listen schnell orientieren. Anstelle von Dropdown-Listen bietet die Benutzeroberfläche des iPhones Rollen an.

Texteingaben auf dem iPhone

Auf den ersten Blick scheint dem iPhone ein ganz entscheidender Teil zu fehlen: eine Tastatur. Doch das täuscht. Das iPhone besitzt eine exzellente, leistungsfähige und geradezu grenzenlos flexible Tastatur. Die besteht allerdings nicht aus festen Knöpfen, sondern aus Schaltflächen, die auf dem Display eingeblendet werden. Auf dieser virtuellen Tastatur können Sie dann so tippen, wie Sie es von einer normalen (Handy-)Tastatur gewöhnt sind. Allerdings fehlt das „taktile Feedback“, Sie spüren also nicht, dass Sie eine Taste herunterdrücken. Das kann anfangs für ein wenig Irritation sorgen, die sich aber erfahrungsgemäß nach wenigen Tippversuchen auflöst. Nach einigen Tagen tippen Sie auf der Software-Tastatur des iPhones (mindestens!) so schnell und sicher wie auf Ihrem Handy.

Diese Softwarelösung des iPhones hat eine ganze Reihe von Vorteilen. Da die Tastatur keine Hard-, sondern Software ist, nimmt sie nur dann Platz weg, wenn sie benötigt wird und kann obendrein beliebig angepasst werden. So ist es möglich, die Belegung der Tasten etwa auf Russisch zu ändern oder sie in ein Eingabemedium für chinesische Schriftzeichen zu verwandeln.

Die Tastatur

Die Tastatur wird automatisch eingeblendet, sobald Sie Text eingeben können, also zum Beispiel bei SMS, Notizen, Webadressen, Formularen auf Webseiten, E-Mails und so weiter und so fort.

Die Belegung orientiert sich an einer normalen Schreibmaschinen- bzw. Computer-Tastatur. Die Buchstaben sind nach dem QWERTZ-Muster angeordnet, es gibt eine Shift-Taste links, eine Löschtaste rechts und eine große Leertaste unten.

Die Tastatur des iPhones nimmt sich eine normale Computer-Tastatur zum Vorbild.

Sie geben Text ein, indem Sie einfach auf den gewünschten Buchstaben tippen. Der Buchstabe wird zur Kontrolle vergrößert, so dass Sie Tippfehler sofort bemerken. Ziehen Sie in diesem Fall Ihren Finger einfach auf den gewünschten Buchstaben und heben Sie ihn erst dann vom Display. Solange Ihr Finger auf dem Display bleibt, wird kein Buchstabe eingegeben.

Das iPhone passt die Empfindlichkeit der Tastensensoren automatisch Ihrem Text an. Dazu wird der eingegebene Text analysiert und der vermutlich nächste Buchstabe ermittelt, dessen Empfindlichkeit erhöht, während die der anderen Buchstaben verringert wird. Ein Beispiel: Sie tippen das Wort „Birne". Wenn Sie „Birn" eingegeben haben, ist das „e" der wahrscheinlich nächste Buchstabe. Entsprechend wird die Empfindlichkeit für das „e" erhöht, während sie bei den umgebenden Buchstaben „w", „s", „d" und „r" verringert wird. Sie tippen in diesem Fall also auch dann ein „e", wenn Sie den Buchstaben nicht genau treffen, sondern ein wenig daneben liegen.

Sonderzeichen und Satzzeichen eingeben

Bei der ersten Begegnung wirkt die Tastatur ein wenig unterdimensioniert, hier scheint es doch nur die Buchstaben von A bis Z zu geben, während man Ziffern, Satzzeichen oder Umlaute vergeblich sucht. Aber natürlich können Sie dergleichen auch mit dem iPhone problemlos eintippen.

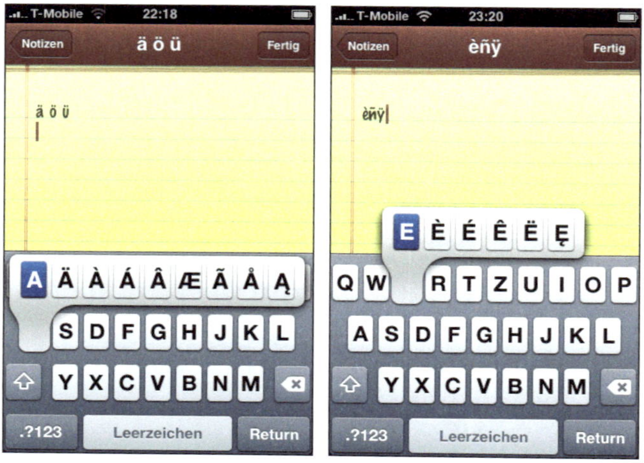

Die Software-Tastatur des iPhones ist eine ebenso clevere wie ungemein praktische Lösung, mit nahezu unbegrenzten Möglichkeiten.

Um ein Sonderzeichen einzugeben, halten Sie den entsprechenden Buchstaben ein klein wenig länger gedrückt, also für ein ä halten Sie das A etwa fest, für ein ö das O, für ein ß das S und so fort. Es öffnet sich ein Auswahlmenü. Bleiben Sie mit dem Finger auf dem Display, ziehen Sie ihn bis zum gewünschten Buchstaben und lassen Sie nun die Taste los: voilà.

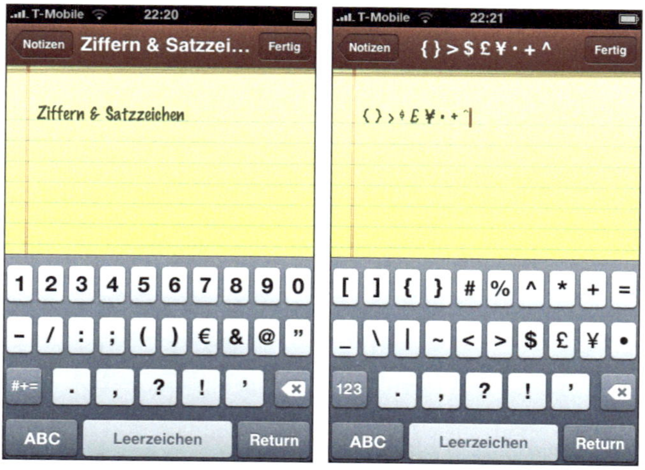

Die Tastatur ist auf drei verschiedene Weisen belegt, zwischen denen Sie fließend hin- und herwechseln können: Es gibt keinen Text, den Sie mit der Tastatur nicht eingeben könnten.

Die weiteren Zeichen wie Ziffern, Satzzeichen oder etwas ausgefallenere Sonderzeichen lassen sich über die Taste **.?123** einblenden, die nach einem Tipp in **ABC** geändert wird, um wieder zu den Buchstaben zurückzukommen. Wenn Ihnen die dann angezeigten Zeichen immer noch nicht genügen, tippen Sie auf **#+=** und die Tastaturbelegung ändert sich erneut. Von hier aus gelangen Sie mit einen Tipp auf **123** zurück zu den Ziffern.

Großbuchstaben

Nicht nur bei der Tastenanordnung, auch bei ihrer Beschriftung nimmt sich das iPhone eine übliche Computer-Tastatur zum Vorbild. Hier wie dort werden die Tasten mit Großbuchstaben beschriftet, erzeugen aber einen kleinen Buchstaben, sobald man drauftippt.

Um einen Großbuchstaben einzugeben, tippen Sie auf die Shift-Taste links (das ist die graue Taste mit dem Pfeil). Die Taste wird hell markiert und der nächste Buchstabe wird als Großbuchstabe getippt. Anschließend geht es klein weiter.

Das iPhone besitzt auch eine so genannte Caps-Lock-Funktion, mit der Sie dauerhaft auf Großbuchstaben umschalten können. Mehr dazu steht im letzten Kapitel.

Die Rechtschreibkorrektur

Das iPhone besitzt eine eingebaute Rechtschreibkorrektur, die während der Eingabe Wörter ergänzt oder korrigiert. Dergleichen kennen Sie vermutlich von Ihrer Textverarbeitung. Beim iPhone funktioniert die Korrektur allerdings ein wenig anders als gewohnt. Während Sie bei einer Textverarbeitung eine Korrektur ausdrücklich bestätigen müssen, damit sie in Ihren Text übernommen wird, ist es beim iPhone genau anders herum. Hier müssen Sie eine Korrektur explizit ablehnen, andernfalls wird sie durchgeführt.

Beim Tippen werden Sie feststellen, dass immer wieder Korrektur- oder Ergänzungsvorschläge eingeblendet werden. Diese Korrekturen werden automatisch übernommen, sobald Sie ein Leerzeichen eingeben, um das nächste Wort zu tippen.

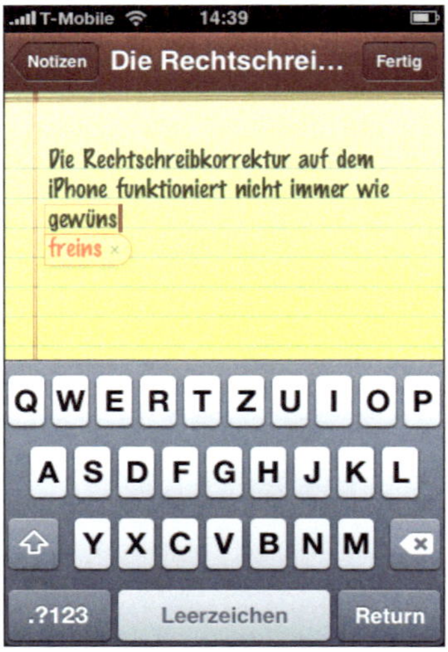

Die Rechtschreibkorrektur des iPhones kommt leider oft auf die Idee, korrekte Wörter in falsche zu verwandeln und überrascht immer wieder mit völlig unsinnigen Vorschlägen. Warum etwa „gewüns" nicht in „gewünscht" ergänzt, sondern in das Unwort „freins" korrigiert werden soll, bleibt das Geheimnis der iPhone-Entwickler.

Um eine Korrektur oder einen Ergänzungsvorschlag abzulehnen, tippen Sie einmal auf die eingeblendete Korrektur, die daraufhin verschwindet.

Das ist ein wenig gewöhnungsbedürftig, funktioniert aber gut – wenn es denn mal funktioniert. Denn leider sind die Korrekturen oder Ergänzungen überwiegend unbrauchbar und häufig nur eine Verschlimmbesserung – statt einen Fehler zu korrigieren, fügt das iPhone Fehler in ein korrektes Wort oder macht völlig wirrsinnige Vorschläge.

Immerhin: Die Korrektur ist lernfähig. Wenn Sie eine Korrektur mehrfach abgelehnt haben, wird statt der unerwünschten Korrektur Ihr Wort in die Vorschlagsliste übernommen.

Außerdem ist die Rechtschreibkorrektur nicht fest verdrahtet, sondern Teil des Betriebssystems und kann also bei einem zukünftigen Update von Apple verbessert werden. Da muss man sich in Geduld fassen und auf Verbesserungen hoffen.

Die Textlupe

Beim Schreiben von Texten kommt es immer wieder vor, dass man im bereits geschriebenen Teil Änderungen oder Ergänzungen vornehmen möchte. In diesem Fall ist es üblich, den Cursor (bzw. die Schreibmarke) mit der Maus gezielt an der Stelle im Text zu platzieren, die bearbeitet werden soll. Beim iPhone funktioniert das genau so, nur dass Sie hier statt eines Mauszeigers Ihren Finger benutzen und auf die gewünschte Stelle tippen.

Allerdings hat die Sache einen Haken. Zum einen können Sie die Schreibmarke nicht über Pfeiltasten bewegen – die gibt es auf dem iPhone nicht. Außerdem ist es nicht immer ganz einfach, genau die Stelle zu treffen, die man treffen möchte.

Doch keine Sorge, hier hat das iPhone eine Besonderheit zu bieten: die Textlupe.

Halten Sie den Finger etwas länger auf einer Stelle im Text, wird eine Lupe mit einem stark vergrößerten Ausschnitt samt blinkendem Cursor angezeigt. Bewegen Sie nun den Finger – ohne ihn vom Display zu nehmen –, können Sie den Cursor exakt an die gewünschte Position steuern.

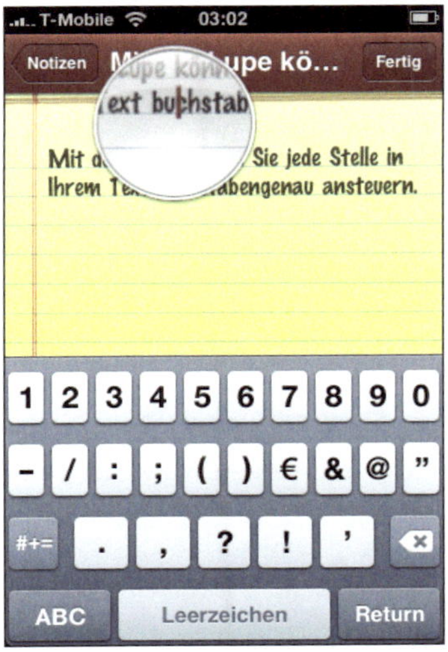

Die Lupenfunktion des iPhones ist anfangs etwas ungewohnt, funktioniert aber hervorragend und erlaubt die buchstabengenaue Steuerung der Schreibmarke.

Daten zwischen Computer und iPhone abgleichen

Zum Datenaustausch zwischen Ihrem Computer und Ihrem iPhone dient iTunes. Das Programm überträgt Adressen, Termine, Musik, E-Mail-Einstellungen, Fotos, Klingeltöne, Videos und Programme, die Sie auf Ihrem Computer haben, auf Ihr iPhone bzw. kopiert neue Daten von Ihrem iPhone auf Ihren Computer. Die Daten zwischen iPhone und Computer werden also abgeglichen oder synchronisiert.

Das tut das Programm auf Wunsch automatisch, sobald Sie Ihr iPhone angeschlossen und iTunes gestartet haben. Natürlich legen Sie vorher fest, welche Daten synchronisiert werden sollen und welche nicht.

Um diese Funktion ein- oder auszuschalten, schließen Sie Ihr iPhone an Ihren Computer an und starten iTunes. Auf der Registerkarte **Übersicht** finden Sie eine entsprechende Option.

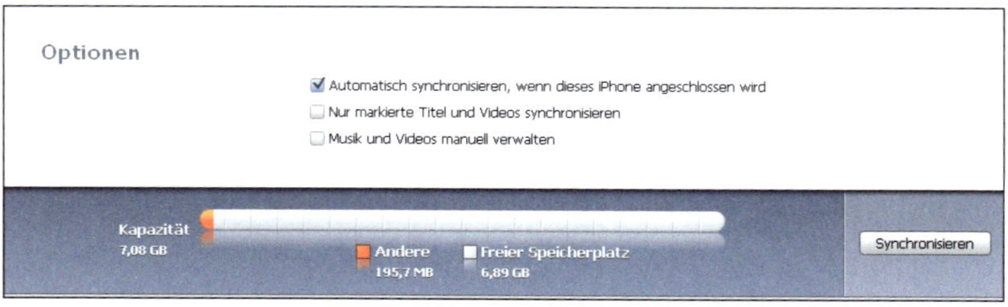

Die Daten von iPhone und Computer werden dank iTunes immer auf dem gleichen Stand gehalten. Wenn Sie nicht sicher sind, was dabei genau passiert, lassen Sie die automatische Synchronisierung vorerst ausgeschaltet und gleichen den Datenbestand manuell über die Schaltfläche **Synchronisieren** ab.

Das iPhone und seine Funkverbindungen

Ihr iPhone kann auf unterschiedliche Weise Daten empfangen und senden. Genauer: Es kann in verschiedenen Funknetzen eingesetzt werden. Normalerweise wählt das Gerät das jeweils schnellste verfügbare Netz.

3G/UMTS

Da wäre zum Beispiel das hierzulande ungewöhnliche „3G". Das steht für „3. Generation" und meint nicht, dass das iPhone 3G das dritte iPhone-Modell von Apple ist (es ist erst das zweite), sondern bezieht sich auf die „3. Generation der Funknetze". Diese Funknetze werden in Europa „UMTS" genannt, in den USA „3G". Und da Apple ein amerikanisches Unternehmen ist, hat man das UMTS-fähige iPhone natürlich nicht „iPhone UMTS", sondern „iPhone 3G" genannt.

Streng genommen müsste das iPhone 3G eigentlich iPhone 3.5G heißen, nutzt es doch nicht einfach nur UMTS, sondern die beschleunigte Version HSDPA (High-Speed Downlink Packet Access). Aber da wollen wir mal fünfe gerade sein lassen.

Edge/2G

Wenn kein UMTS-Netz verfügbar ist, greift das iPhone auf das Edge-Netzwerk zurück. Dabei handelt es sich um den Vorläufer von UMTS, also um ein Funknetz der „2. Generation", was nicht mit „iPhone 2.0" zu verwechseln ist (denn das meint die Versionsnummer des iPhone-Betriebssystems).

Edge steht für „Enhanced Data Rates for GSM Evolution" und ist zwar schneller als das vorher übliche GRSM, aber auch deutlich langsamer als UMTS (bzw. 3G). Doch Edge hat einen sehr großen Vorteil: Es ist im T-Mobile-Netz hierzulande fast überall verfügbar, was man von UMTS leider nicht sagen kann. Dank Edge ist Ihr iPhone praktisch überall und immer online.

WLAN/Wi-Fi

Die mit Abstand schnellste Internetverbindung hat Ihr iPhone natürlich in einem „Wireless LAN", das in den USA als „Wi-Fi" bezeichnet wird. Auch hier könnte man ein wenig herumkritteln und darauf hinweisen, dass „Wi-Fi" die Bezeichnung für ein Industrie-Konsortium ist, das verschiedene drahtlose Geräte zertifiziert, aber da wollen wir mal nicht so sein. Für Sie und Ihr iPhone spielt das ohnehin keine Rolle. Eine Kleinigkeit noch: WLAN ist die Abkürzung für Wireless LAN, Wi-Fi – bedeutet überhaupt nichts und ist ein Kunstwort, das als griffiges Kürzel lediglich Marketingzwecken dient.

Das iPhone erkennt normalerweise alle verfügbaren WLANs und bietet Ihnen automatisch einen Dialog an, in dem Sie das gewünschte WLAN auswählen. Das ist auf Dauer allerdings eher störend, weil Sie durch diesen Dialog in Ihrer aktuellen Arbeit unterbrochen werden. Diese automatische Erkennung lässt sich aber einfach abstellen. Tippen Sie dafür auf dem Home-Bildschirm auf **Einstellungen** und wählen Sie **Wi-Fi**. Hier deaktivieren Sie den Schalter **Verbindung bestätigen**.

Die Bestätigung einer Verbindung ist auf Dauer unterwegs eher störend. Gut, dass man diese Funktion ausschalten kann.

Wenn Sie Ihr iPhone ohne Bestätigung der Verbindung in ein WLAN einloggen möchten, gehen Sie folgendermaßen vor. Tippen Sie auf **Einstellungen** und dort auf den Eintrag **Wi-Fi**. Das iPhone sucht nun nach WLAN im Empfangsbereich und zeigt Ihnen eine Liste der verfügbaren Netzwerke an. Tippen Sie auf das Netzwerk, das Sie benutzen möchten und geben Sie das Kennwort ein.

Für die Nutzung eines WLANs benötigen Sie üblicherweise ein Kennwort.

Das iPhone merkt sich diese Daten und meldet sich in Zukunft automatisch in diesem Netz an, wenn es in seiner Reichweite ist.

Die Hotspots von T-Mobile

Bei den Standard-Tarifen des iPhones gehört die WLAN-Flatrate für T-Mobile-Hotspots dazu (einzige Ausnahme hiervon war zu Redaktionsschluß des Buches der Einsteigertarif Complete S). Damit Sie unterwegs auf einen dieser Hotspots zugreifen können, benötigen Sie einen Benutzernamen und ein Kennwort. Diese Daten erhalten Sie umgehend zugestellt, wenn Sie eine SMS mit dem Text **OPEN** an die Nummer **9526** senden.

Mit diesen Daten können Sie sich nun in jeden T-Mobile-Hotspot einwählen. Allerdings ist das ein wenig lästig, da sich das iPhone die Daten nicht merkt und Sie sie jedes Mal erneut eingeben müssen.

Doch auch hier gibt es Abhilfe in Form zweier kostenloser Applikationen namens „HotConnect" und „HotSpot" (wie Sie die Programme finden, downloaden und auf Ihrem iPhone installieren, erfahren Sie im Kapitel 8: „Das iPhone Ihren Wünschen anpassen").

Hier geben Sie Ihre Zugangsdaten einmal ein und können in Zukunft mit einem Fingertipp online gehen, wenn Sie sich in Reichweite eines T-Mobile-Hotspots befinden.

Bevor Sie mit Ihrem iPhone einen T-Mobile-Hotspot nutzen können, müssen Sie sich zuerst mit Ihrem Benutzernamen und Ihrem Kennwort anmelden, die Ihnen T-Mobile nach einer kurzen SMS automatisch zuschickt.

Bluetooth

Zu guter Letzt sei noch die Bluetooth-Fähigkeit des iPhones erwähnt. Wenn Sie sich allerdings schon darauf freuen, Ihr iPhone in Ihre Bluetooth-Umgebung einzubinden, muss ich Sie enttäuschen, denn das iPhone akzeptiert via Bluetooth lediglich Audiodaten, also Sprache. Bluetooth dient beim iPhone lediglich dazu, ein kabelloses Headset anzuschließen.

Der Flugmodus

So praktisch und angenehm es ist, mit dem iPhone jederzeit online sein zu können, gibt es doch Situationen, in denen Sie weder die Telefon- noch die Online-Funktionen Ihres iPhones benötigen oder einsetzen können.

Denken Sie zum Beispiel an eine Fahrt im typischen U-Bahn-Funkloch oder anderen Plätzen, an denen Sie kein Signal empfangen können (oder, etwa in einem Flugzeug, dürfen).

Trotzdem können Sie mit Ihrem iPhone arbeiten, etwa Notizen verwalten, Fotos machen, Termine kontrollieren und Ähnliches mehr.

Im Flugmodus sind die Online- und Datenverbindungen des iPhones gesperrt, aber die Applikationen lassen sich weiterhin benutzen.

In solchen Situationen können Sie alle Funkverbindungen des iPhones ausschalten. Aber keine Sorge, Sie müssen dafür nicht mehrere Optionen deaktivieren, es genügt ein einziger Schalter: Wählen Sie dazu die **Einstellungen** und aktivieren Sie den obersten Eintrag **Flugmodus**. Als Zeichen dafür, dass dieser Modus aktiviert wurde, wird oben links anstelle des Funksignals ein kleines Flugzeug angezeigt.

2

Das iPhone als Infozentrale

Mit dem iPhone haben Sie alle wichtigen Informationen immer dabei: Ihre Termine, Ihre Notizen, die Adressen und wenn Sie möchten, auch Ihre Aktienkurse. So dient Ihnen das iPhone nicht nur als schnödes Telefon, sondern als regelrechte Informationszentrale oder, wie man es auch nennen kann, als „PIM", als „Personal Information Manager".

Der Kalender

Eine Standardapplikation auf jedem Smartphone ist ein Kalender. Hier werden Termine eingetragen, wichtige Ereignisse notiert, Geburtstagserinnerungen gespeichert und Ähnliches mehr. Natürlich besitzt auch das iPhone einen Kalender, der Ihnen eine genaue Zeitplanung Ihres Tagesablaufs ermöglicht. Das Programm heißt, wenig überraschend: **Kalender**. Dabei lassen sich Kalendereinträge problemlos mit Ihrem Computer abgleichen, so dass Sie unterwegs immer auf dem aktuellen Stand sind.

Beim ersten Aufruf des Programms sehen Sie eine Übersicht über den aktuellen Monat, in dem das aktuelle Datum markiert ist. Ansonsten startet der Kalender genau da, wo Sie ihn beim letzten Mal beendet haben.

Ereignisreiche Termine

Ein Kalender dient üblicherweise der Verwaltung von Terminen bzw., wie es in der Sprachregelung des iPhones lautet, von Ereignissen. Und genau das macht der Kalender auf dem iPhone auch. Und da man sich unterwegs nicht erst durch aufwändige Menüs hangeln will, sondern möglichst schnell Bescheid wissen will, ist die Terminverwaltung auf dem iPhone besonders einfach gehalten.

Ein Ereignis manuell eintragen

Um unterwegs ein Ereignis in den iPhone-Kalender einzutragen, starten Sie den Kalender und tippen auf das Plus-Zeichen oben links. Sie können nun die Details des Ereignisses eintragen, wobei das aktuelle Datum, die aktuelle Uhrzeit und eine Dauer von einer Stunde automatisch vorgegeben werden.

Um das automatisch vorgegebene Datum zu ändern wählen Sie in der Monatsübersicht den gewünschten Tag, bevor Sie auf das Plus-Zeichen tippen.

Wenn Sie mehr als nur ein Stichwort wie etwa „Besprechung mit Herrn Meyer" eingeben möchten, steht Ihnen das Feld **Notizen** für Stichpunkte und, nun ja: Notizen zur Verfügung.

Termine (oder, wie Apple sie nennt: Ereignisse), die Sie unterwegs eintragen, werden beim nächsten Sync auch auf dem Computer eingetragen.

Für regelmäßig wiederkehrende Termine können Sie unter **Wiederholen** festlegen, in welchem Rhythmus der Termin im Kalender auftauchen soll. Dabei stehen Ihnen die Optionen **Täglich**, **Wöchentlich**, **Alle 2 Wochen**, **Monatlich** und **Jährlich** zur Auswahl. Standardmäßig wird ein Termineintrag natürlich nicht wiederholt.

Nach einen Tipp auf **Fertig** wird der Eintrag im Kalender gespeichert (und beim nächsten Sync-Vorgang auch in den Kalender auf Ihrem Computer übernommen).

Sich an ein Ereignis erinnern lassen

Der Vorteil eines digitalen Kalenders gegenüber seinen Pappkameraden besteht unter anderem darin, dass er uns mit einem Signalton an einen Termin erinnern kann.

Damit Ihr iPhone verhindert, dass Sie einen wichtigen Termin verpassen, können Sie in den Ereignis-Details auch einen Warnhinweis aktivieren. Dabei legen Sie fest, wann Ihr iPhone aktiv werden soll. Die Zeitspanne vor dem Termin kann von Ihnen zwischen **5 Minuten** vorher bis **2 Tage vorher** gewählt werden.

Wenn Sie sicher gehen wollen, lassen Sie sich zweimal erinnern, etwa einmal an dem entsprechenden Tag selbst und 30 Minuten vorher.

Die Erinnerungsfunktion ist auch im Standby-Betrieb aktiv, aber nicht, wenn Sie Ihr iPhone komplett ausgeschaltet haben.

Wenn der Zeitpunkt für den Warnhinweis gekommen ist, piepst Ihr iPhone und blendet einen Erinnerungstext ein. Mit einem Tipp auf **Anzeigen** landen Sie sofort im entsprechenden Eintrag Ihres Kalenders, mit **Schließen** gibt sich Ihr iPhone zufrieden und blendet den Hinweis aus.

Dank Erinnerungsfunktion verpassen Sie mit dem iPhone so schnell keinen Termin mehr.

Pst, Ruhe!

Nicht immer ist das Warngepiepse des iPhones erwünscht – wenn Sie zum Beispiel in einer Besprechung sitzen und Ihr iPhone plötzlich lospiept, kann das eher peinlich werden.

Aber keine Sorge, das Piepsen lässt sich natürlich ausstellen. Wählen Sie dafür auf dem Home-Bildschirm die **Einstellungen** und wechseln Sie dort zu **Töne**. Hier finden Sie einen Schiebeschalter, mit dem Sie den Ton bei einem **Kalender-Warnhinweis** deaktivieren können.

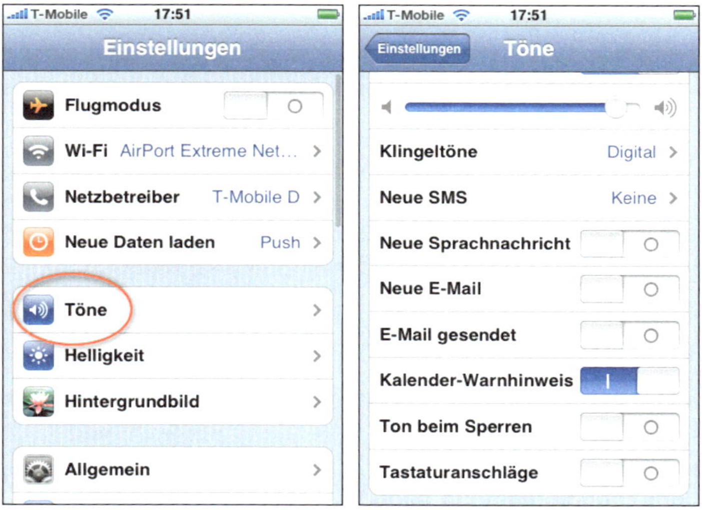

Mit wenigen Fingertipps lassen sich die akustischen Warnhinweise des Kalenders aus- und einschalten.

Kalendereinträge mit dem Computer synchronisieren

Am komfortabelsten ist es natürlich, wenn Sie Ihre Kalendereinträge auf dem iPhone mit den Kalendereinträgen auf Ihrem Computer abgleichen. Überlassen Sie diese Arbeit einfach iTunes, und Sie können sicher sein, dass jede Änderung auf dem iPhone beim Sync auf den Computer übertragen wird und jeder neue Termin vom Computer auf Ihr iPhone.

Schließen Sie also Ihr iPhone an Ihren Computer an und starten Sie iTunes. Wählen Sie das iPhone in der Seitenleiste unter **Geräte** aus und klicken Sie auf die Registerkarte **Infos**.

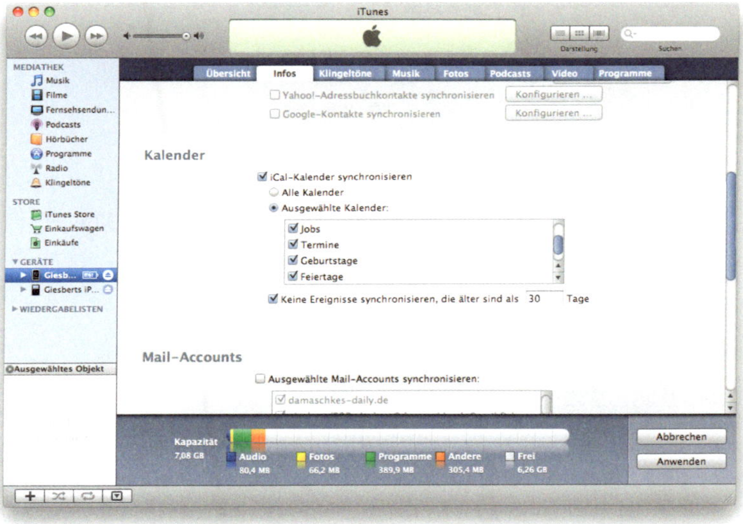

Sie können alle oder auch nur ausgewählte Kalender mit dem iPhone synchronisieren.

Aktivieren Sie im Abschnitt Kalender den Eintrag **Kalender synchronisieren**. Wenn Sie mit mehreren Kalendern arbeiten, können Sie hier noch festlegen, ob Sie alle oder nur ausgewählte Kalender synchronisieren möchten.

Nach einen Klick auf **Anwenden** werden die Daten übernommen.

Ereignisse bearbeiten und löschen

Manchmal wird ein Treffpunkt verlegt, ein Termin verschoben oder komplett abgesagt, oder Sie erhalten nachträglich ein paar wichtige Informationen, die Sie sich zu einem bereits eingetragenen Ereignis notieren wollen.

Kein Problem: Starten Sie den Kalender, tippen Sie auf den gewünschten Eintrag, um sich die Ereignis-Details anzeigen zu lassen, und wählen Sie die Schaltfläche **Bearbeiten** rechts oben. Nun können Sie den Termin nach Wunsch bearbeiten und mit **Fertig** speichern.

Um ein Ereignis aus Ihrem Kalender zu streichen, wählen Sie hier die große rote Schaltfläche **Ereignis löschen**. Nach einer Sicherheitsabfrage verschwindet der Eintrag auf Nimmerwiedersehen aus Ihrem Kalender.

Sie können problemlos jeden Termin auf Ihrem iPhone bearbeiten oder auch löschen. Die Änderungen werden beim nächsten Sync übernommen.

Ansichtssache

Wie es sich für einen richtigen Kalender gehört, können Sie auch auf Ihrem iPhone die Kalender-Ansicht verändern, um genau das im Blick zu haben, was Sie im Blick haben möchten.

Um die Ansicht zu wechseln, tippen Sie einfach unten auf die entsprechende Schaltfläche:

Liste stellt Ihnen alle Einträge in Ihrem Kalender als Textliste dar. So finden Sie rasch jedes gesuchte Ereignis auf Ihrem iPhone.

Tag zeigt Ihnen eine Übersicht über die aktuellen Tagesereignisse.

Monat wechselt zur Monatsübersicht. Diese Ansicht ist gut geeignet, wenn Sie in Ihrem Kalender rasch vor- und zurückblättern möchten.

Mit Heute schließlich springen Sie immer zum aktuellen Datum.

Den Kalender anpassen

Einige Anpassungen des Kalenders nehmen Sie in den allgemeinen Einstellungen Ihres iPhones vor. Rufen Sie die **Einstellungen** vom Home-Bildschirm auf und wechseln Sie zu **Mail, Kontakte, Kalender**. Scrollen Sie bis ans Ende der Seite, dort finden Sie den Abschnitt **Kalender**.

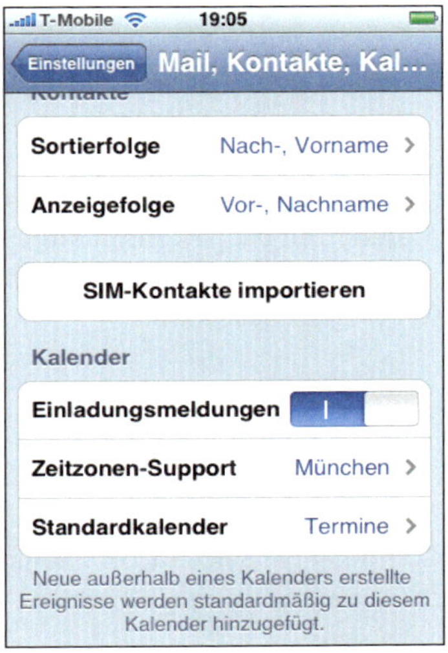

Das Verhalten des Kalenders können Sie in Maßen konfigurieren.

Hier können Sie folgende Dinge einstellen:

Einladungsmeldung Wenn Sie ein iPhone zusammen mit einem Exchange-Account benutzen, dann können Sie (falls diese Option aktiviert ist) Kalendereinladungen, die Ihnen per E-Mail von anderen Exchange-Anwendern zugeschickt werden, direkt in Ihren Kalender übernehmen. Bedauerlicherweise funktioniert das bislang nur mit Exchange – Apple-Anwender, die für Ihre Terminplanung iCal benutzen, gehen (noch) leer aus.

Sync Hier legen Sie fest, welchen Zeitraum Ihr iPhone beim Synchronisieren des Kalenders berücksichtigen soll. Es ist ja durchaus nicht immer sinnvoll, nun partout seinen kompletten, unter Umständen jahrelang zurückreichenden Kalender auch auf dem iPhone dabei zu haben.

Zeitzonen-Support gibt an, auf welche Zeitzone der Kalender zurückgreifen soll. Wenn Sie etwa überwiegend mit amerikanischen Kollegen zusammenarbeiten, kann es zum Beispiel sinnvoll sein, den Kalender auf die entsprechende Zeitzone umzustellen. Wenn Sie diese Funktion deaktivieren, übernimmt der Kalender automatisch die Zeitzone, in der Sie sich aktuell befinden (vorausgesetzt natürlich, Sie haben die Ortungsfunktion Ihres iPhones nicht ausgeschaltet).

Standardkalender legt fest, in welchen Kalender neue Termine eingetragen werden sollen. Diese Option ist natürlich nur sinnvoll, wenn Sie mit mehreren Kalendern arbeiten.

Die Kontakte

Neben der Terminverwaltung mit dem Kalender gehört **Kontakte** (also die Adressen und Kontaktdaten Ihrer Freunde, Bekannten, Kollegen ...) zu den Standardfunktionen eines modernen Handys. So haben Sie jederzeit die gewünschten Telefonnummern, E-Mail-Adressen, Anschriften und mehr zur Hand. Vorausgesetzt, Sie haben Ihr iPhone nicht vergessen. Aber wer vergisst das schon?

Kontakte eintragen

Um Ihre Adressbestände auf das iPhone zu bekommen, stehen Ihnen verschiedene Möglichkeiten offen. Vermutlich haben Sie bereits jede Menge Adressen auf Ihrem Computer gespeichert, die Sie auch gern auf Ihrem iPhone haben. Das ist natürlich genau so wenig ein Problem, wie die manuelle Aufnahme neuer Kontakte unterwegs.

Kontakte mit dem Computer abgleichen

Die Übernahme von Kontakten aus Outlook, dem Windows-Adressbuch oder, auf einem Mac-Rechner, Entourage oder dem Mac-OS-Adressbuch wird – wie jeder Datenabgleich zwischen Computer und iPhone – über iTunes gesteuert.

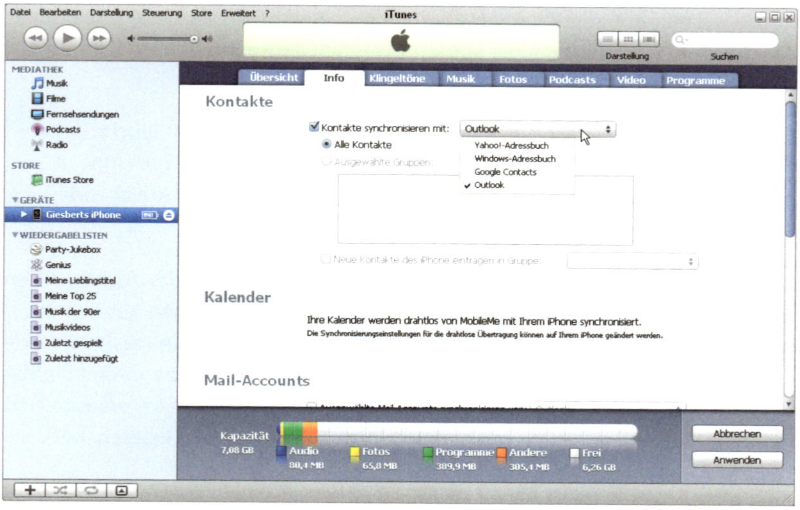

In iTunes legen Sie fest, welche Kontaktdaten mit dem iPhone gesynct werden sollen.

Schließen Sie Ihr iPhone an Ihren Rechner an, starten Sie iPhone und wählen Sie aus der **Geräte**-Übersicht in der Seitenleiste das iPhone aus. Auf der Registerkarte **Infos** können Sie nun festlegen, welche Adressdatenbestände zwischen iPhone und Computer abgeglichen werden sollen. Sie können sämtliche Adressen oder auch nur ausgewählte Gruppen in Ihrem Adressbuch wählen. Falls Sie

Ihre Adressen bei Google oder Yahoo! pflegen, ist es auch möglich, diese Kontaktdaten zu übernehmen.

Treffen Sie Ihre Wahl und klicken Sie anschließend auf **Anwenden**. Die Kontaktdaten werden nun auf das iPhone übertragen. Sollten Sie auf dem iPhone bereits Kontakte aufgenommen haben, tauchen diese im Gegenzug anschließend auf Ihrem Computer auf. So haben Sie auf beiden Geräten immer den gleichen Datenbestand.

Kontakte auf dem iPhone eintragen

Natürlich können Sie auch unterwegs Kontakte aufnehmen. Rufen Sie dafür die Kontakte auf dem Home-Bildschirm auf und tippen Sie auf das große Plus-Zeichen rechts oben.

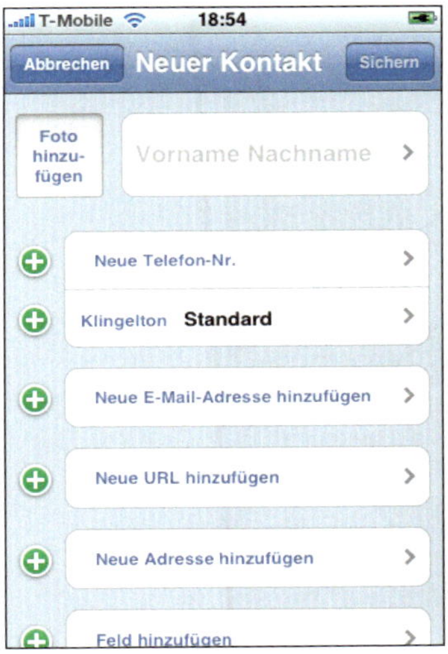

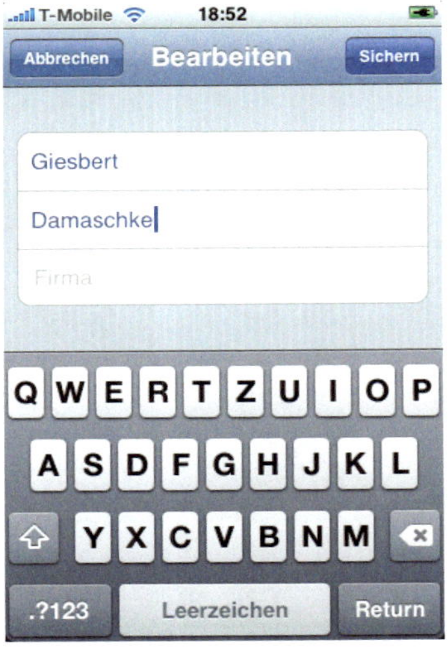

Für einen neuen Kontakt stehen Ihnen praktisch beliebig viele Felder zur Verfügung.

Es öffnet sich ein neues Formular, das Ihnen die üblichen Standardfelder für Name, Telefonnummer, Adresse etc. bietet. Wenn Sie mehr Felder benötigen, stehen Ihnen zwei Wege offen.

Zum einen können Sie auf das grüne Plus-Zeichen links neben einen Eintrag tippen, um ein Feld der gleichen Kategorie hinzuzufügen, also etwa eine zweite Telefonnummer, eine weitere Adresse oder eine zusätzliche E-Mail-Adresse.

Sie können auf **Feld hinzufügen** tippen, um ein Feld einer neuen Kategorie zu ergänzen, zum Beispiel den Spitznamen Ihres Kontakts, den Geburtstag, einen weiteren Vornamen und Ähnliches mehr.

Kontakte übernehmen

Besonders oft werden Kontakte in Verbindung mit dem Telefon oder E-Mail benutzt. Kein Wunder, dass diese beiden Funktionen auf dem iPhone eng mit den Kontakten verzahnt sind. Und nicht nur das – auch bei Karten besteht die Möglichkeit, eine Adresse sofort als neuen Kontakt ins Adressbuch zu übernehmen.

In diesem Abschnitt werden Programme und Funktionen erwähnt, die erst an späterer Stelle im Buch vorgestellt werden.

Kontakte über den Ziffernblock hinzufügen

So können Sie zu jeder Nummer, die Sie beim Telefon (dazu mehr in Kapitel 3) aktuell eingeben, sofort einen Kontakteintrag anlegen. Tippen Sie dafür einfach im Ziffernblock des Telefons auf das symbolische Männchen links.

Eine just eingegebene Telefonnummer lässt sich mit wenigen Fingertipps in einen neuen Kontakt verwandeln. Sie können auch einen bereits vorhandenen Eintrag um die Nummer ergänzen.

Es wird ein kleiner Dialog eingeblendet, über den Sie entweder sofort einen neuen Kontakteintrag erstellen oder die eingegebene Nummer einem **Kontakt hinzufügen** können. Damit ist gemeint, dass Sie einen bereits vorhandenen Eintrag in Ihrer Adressdatenbank um die neue Telefonnummer ergänzen können.

Sobald der Eintrag gespeichert ist, wechselt das iPhone wieder zum Telefon zurück.

Kontakte aus der Anruferliste übernehmen

Was direkt beim Wählen einer Telefonnummer geht, geht natürlich auch später mit der Anruferliste. Wechseln Sie dafür zum Telefon und wählen Sie im Menü unten **Anruferliste**. Tippen Sie beim gewünschten Eintrag auf den blauen Pfeil links und wählen Sie **Neuen Kontakt erstellen**. Wenn Sie einen schon vorhandenen Adressbucheintrag um die gewählte Telefonnummer ergänzen möchten, tippen Sie auf **Zu Kontakt hinzufügen**.

Auch die Anruferliste kann dazu benutzt werden, die Kontakte zu erweitern oder zu ergänzen.

Kontakte aus E-Mails übernehmen

Natürlich können Sie auch jeden Absender einer E-Mail (s. dazu Kapitel 4) gleich auf dem iPhone Ihren Kontakten einverleiben. Öffnen Sie dafür die gewünschte Mail und tippen Sie auf den Namen des Absenders. Nun haben Sie ebenfalls die Möglichkeit, einen neuen Kontakt zu erstellen oder die E-Mail-Adresse zu einem bereits vorhandenen Kontakt hinzuzufügen.

Sie können jede Mail-Adresse (ganz gleich, ob Absender oder Empfänger) ruck, zuck in einen Kontakt verwandeln.

Kontakte aus Karten übernehmen

Schließlich besteht noch die Möglichkeit, eine Adresse, die Sie sich in Karten (s. dazu Kapitel 5) anzeigen lassen, direkt in einen Kontakt umzuwandeln. Tippen Sie dafür auf die Stecknadel, die Karten bei einer Adresse automatisch setzt und anschließend auf den blauen Pfeil rechts. Auch hier haben Sie die Wahl zwischen zwei verschiedenen Arten, die Adresse in einen Kontakt umzuwandeln: **Neuen Kontakt erstellen** und **Zu Kontakt hinzufügen**.

Jeder Punkt auf einer Karte lässt sich schnell und einfach in die Kontaktliste eintragen.

Fotos und Kontakte

Eine sehr nützliche Ergänzung zu den Kontakten sind kleine Fotos der Personen, deren Kontaktdaten verzeichnet werden. So kann man einen Namen gleich viel schneller zuordnen.

Die Foto-Funktionen des iPhones werden in Kapitel 7 ausführlicher vorgestellt.

Die Fotos Ihrer Kontakte werden zusammen mit den übrigen Kontaktdaten beim Datenabgleich vom Computer auf Ihr iPhone übertragen. Aber natürlich können Sie auch die Fotos auf Ihrem iPhone bzw. die Kamera benutzen, um einen neuen Kontakt mit einem Bild zu versehen.

Einem Kontakt ein Foto zuweisen

Wenn Sie einen Kontakteintrag auf dem iPhone bearbeiten bzw. neu anlegen, können Sie ihn natürlich auch sofort mit einem Foto versehen, wobei Sie entweder ein Foto aus Ihren Alben verwenden oder auch gleich ein aktuelles Foto schießen können. Tippen Sie dafür im Kontakte-Formular auf den Bilder-Platzhalter links oben. Nun haben Sie die Wahl zwischen **Foto aufnehmen** (womit

Sie direkt zur Kamera wechseln) oder **Foto auswählen**, was Sie zu Ihren auf dem iPhone verfügbaren Foto-Alben bringt.

Ein Foto einem Kontakt zuweisen

Sie können jedes beliebige Foto auf Ihrem iPhone einem Kontakt zuweisen. Öffnen Sie dazu **Fotos**, wählen Sie das gewünschte Bild aus und tippen Sie auf das Foto-plus-Pfeil-Symbol links unten. Es öffnet sich ein Menü, in dem Sie die Schaltfläche **Zu Kontakt zuweisen** wählen. Nun öffnet sich Ihre Kontaktliste, in der Sie den gewünschten Eintrag antippen. Sie haben jetzt noch die Möglichkeit, den Ausschnitt des Fotos genauer zu bestimmen. Mit einem Tipp auf **Sichern** wird das Foto in den Kontakteintrag übernommen.

Jedes Foto auf Ihrem iPhone kann als Portrait-Foto einem Kontakt zugewiesen werden.

Kontakte bearbeiten/löschen

Kontaktdaten sind oft recht umfangreich und manchen Änderungen unterworfen. Nicht immer hat man gleich alle Daten richtig erfasst und möchte später Tippfehler korrigieren oder einen Eintrag auch komplett löschen.

Dazu rufen Sie die Kontakte auf und lassen sich die entsprechenden Kontaktdaten anzeigen. Ein Tipp auf die Schaltfläche **Bearbeiten** rechts oben öffnet den Eintrag zur Bearbeitung.

Möchten Sie einen Eintrag komplett löschen, tippen Sie hier auf die dicke rote Schaltfläche **Kontakt löschen** (die am Ende des Kontaktformulars steht) und bestätigen die folgende Sicherheitsabfrage.

Kontakte suchen & finden

Je umfangreicher eine Kontaktsammlung, um so nützlicher und wertvoller ist sie. Doch desto unübersichtlicher wird sie auch. Hier hilft Ihnen das iPhone auf zweierlei Weise weiter.

Wenn Sie den Namen eines Kontakts wissen und also auch wissen, wo er alphabetisch eingeordnet ist, dann tippen Sie einfach in der Kontakte-Übersicht auf die passenden Buchstabengruppe am rechten Rand. So landen Sie zwar eher durch Zufall exakt beim gesuchten Kontakt, doch alphabetisch sehr in seiner Nähe, von wo aus Sie sich rasch zum gewünschten Eintrag bewegen können.

In den Kontakten können Sie sich entweder über die alphabetische Leiste am linken Rand oder über das Suchfeld am Kopf der Liste orientieren.

Falls Sie einen Kontakt nicht auf diese Weise finden, hilft die Suchfunktion weiter. Sie durchsucht nicht nur den Nachnamen (nach dem die alphabetische Sortierung normalerweise arbeitet), sondern auch die anderen Felder des Eintrags (allerdings nicht die Telefonnummer, Sie können also nicht alle Einträge mit der Vorwahl 089 auf Ihrem iPhone finden, für solche Suchanfragen sind die Adressbücher auf dem Computer ohnehin besser geeignet).

Tippen Sie Ihre Suchanfrage in das Eingabefeld am Kopf der Adressliste. Falls das Feld nicht sichtbar ist, tippen Sie einfach auf die Statusleiste, etwa auf die Uhrzeit. Die Adressliste springt automatisch an den Anfang und das Eingabefeld wird sichtbar.

Das muss ich mir mal notieren …

Es wie verhext. Kaum geht man aus dem Haus und ist mitten auf der Straße, im Bus oder wer weiß wo – da fällt einem etwas ein oder auf, das man sich besser notieren sollte. Wohl dem, der da ein iPhone bei sich trägt. Denn hier steht Ihnen das Hilfsprogramm **Notizen** zur Verfügung, mit dem Sie jederzeit unterwegs, nun ja: Notizen anlegen können.

Eine Notiz schreiben, bearbeiten und löschen

Der Einsatz des Programms ist denkbar einfach. Starten Sie es mit einem Fingertipp und tippen Sie auf das **Plus**-Zeichen. Es erscheint ein leeres, gelbes Notizblatt mit blinkendem Cursor und Tastatur. Schreiben Sie, was Sie zu schreiben haben, und tippen Sie auf **Fertig**. Die Notiz wird gespeichert, ein Tipp auf die Schaltfläche **Notizen** bringt Sie zurück zur Übersicht auf der Startseite des Programms.

Auf diese Weise lassen sich beliebig viele Notizen anlegen. Jede Notiz wird mit Datum und Uhrzeit der letzten Bearbeitung gespeichert. Da die Notizen in der Übersicht chronologisch sortiert werden, ändert sich hier also die Reihenfolge der Einträge, sobald Sie eine ältere Notiz bearbeiten.

Als Titel einer Notiz wird immer der Text der ersten Zeile benutzt. Dabei bleibt es auch, wenn Sie diesen Text später einmal ändern. Wie Sie an den Datumsangaben in der Übersicht (rechts) sehen, werden die Notizen in chronologisch fallender Reihenfolge angezeigt. Je neuer eine Notiz ist, desto weiter oben steht sie.

Möchten Sie später eine Notiz bearbeiten, tippen Sie in der Übersicht auf den entsprechenden Eintrag und anschließend in die Notiz. Der blinkende Cursor wird an der Stelle eingeblendet, auf die Sie getippt haben und es erscheint erneut die Tastatur. Nun können Sie Ihre Bearbeitungen vornehmen und mit **Fertig** speichern.

Notizzettel haben das Schicksal, dass sich ihr Inhalt meist nach kurzer Zeit erledigt hat und der Zettel weggeworfen wird. Auf dem iPhone ist das nicht anders, nur dass hier kein Altpapier anfällt, sondern sich die Notizen spurlos auflösen.

Um eine Notiz zu löschen, lassen Sie sie sich anzeigen und tippen anschließend auf den Mülleimer in der unteren Symbolleiste. Es erscheint eine Sicherheitsabfrage und nach einem weiteren Tipp auf Notiz löschen öffnet sich der Mülleimer und die Notiz verschwindet in ihm.

Eine Notiz per E-Mail verschicken

Eine Notiz lässt sich problemlos per E-Mail verschicken. Lassen Sie sich dafür die entsprechende Notiz anzeigen und tippen Sie in der Symbolleiste unten auf den Briefumschlag. Das iPhone wechselt damit automatisch zum Mail-Programm und fügt den Text der Notiz als Inhalt ein, während der Titel der Notiz als Betreff-Zeile der Mail benutzt wird.

Bevor Sie eine Mail verschicken können, müssen Sie natürlich zuerst einen Account einrichten. Mehr dazu finden Sie im Kapitel 4.

Da die Notizen nicht mit Ihrem Mac/PC gesynct werden und also auf dem iPhone verbleiben, ist der Versand per E-Mail die einzige von Apple vorgesehene Möglichkeit, auf den Inhalt der Notizen auch von Ihrem Desktop-Computer aus zuzugreifen.

Möchten Sie eine Notiz weitergeben oder auch auf Ihrem Desktop-Computer verfügbar haben, verschicken Sie sie einfach per E-Mail.

Ausgerechnet!

Ein Taschenrechner gehört zur Grundausstattung aller elektronischer Geräte. Das Hilfsprogramm **Rechner** des iPhones macht da keine Ausnahme. Es beherrscht, natürlich, die vier Grundrechenarten, besitzt einen Speicher und kann auch bei wissenschaftlichen Berechnungen noch mithalten.

Der einfache Taschenrechner

Beim Start präsentiert sich der Taschenrechner des iPhones schlicht und übersichtlich. Er besitzt die üblichen Funktionen ohne Besonderheiten. Das heißt – eine Besonderheit hat er doch: Er zeigt an, welchen Operator („Rechentaste") Sie angetippt haben.

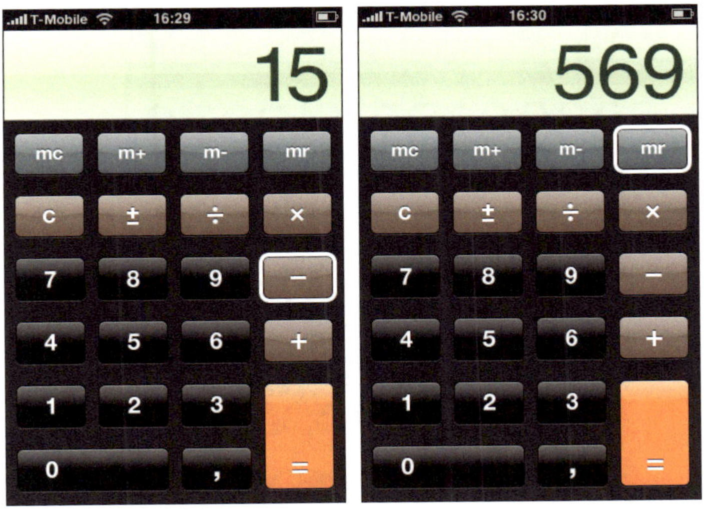

Aktivierte Operatoren (im linken Bild die **Minus**-Taste) werden zur Erinnerung markiert. Die markierte Taste **mr** im rechten Bild signalisiert, dass eine Zahl im Speicher steht.

Mit dem Taschenrechner des iPhones werden Sie nie wieder in die Verlegenheit kommen, sich daran erinnern zu müssen, ob Sie nun schon auf die Plus-Taste gedrückt haben, oder nicht. Das klingt banal, erleichtert die Arbeit im Alltag aber ganz ungemein.

Die Speicherfunktion arbeitet genau so, wie Sie es vermutlich von Taschenrechnern gewöhnt sind:

mc steht für „memory clear". Damit löschen Sie den Speicherinhalt bzw. setzen seinen Wert auf 0.

m+ addiert die aktuell angezeigte Zahl zum Inhalt des Speichers. Sobald Sie einen Wert im Speicher abgelegt haben, wird die Taste **mr** markiert.

m- subtrahiert die aktuell angezeigte Zahl vom Inhalt des Speichers.

mr steht für „memory recall" und übernimmt den Inhalt des Speichers als aktuelle Zahl.

Der wissenschaftliche Taschenrechner

Der Taschenrechner ist ziemlich praktisch, wenn Sie unterwegs schnell eine einfache Berechnung durchführen müssen. Sobald Sie aber mehr als die vier Grundrechenarten benötigen, wird die Luft doch ziemlich dünn.

Doch das macht nichts. Drehen Sie Ihr iPhone einfach um 90 Grad nach rechts oder links – und schon wird aus dem einfachen Taschenrechner ein Rechner mit wissenschaftlichem Anspruch.

Ob Winkelfunktion, Wurzel, Potenzrechnung oder geklammerte Ausdrücke: In dieser Version ist der Taschenrechner des iPhones auch komplizierteren Aufgaben gewachsen.

Wenn ich einmal reich wär' ...

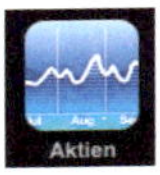

Über das kleine Programm **Aktien** haben Sie Zugriff auf die Kursentwicklung des Aktienmarkts. Allerdings nicht in Echtzeit – aus rechtlichen Gründen werden alle Aktienkurse mit 20 Minuten Verzögerung gemeldet. Bei jedem Aufruf des Programms wird eine Verbindung zu einem Server im Internet hergestellt, um die aktuellen Daten abzurufen.

Eine Aktie hinzufügen

Bevor das Programm Aktienkurse anzeigen kann, müssen Sie ihm natürlich sagen, welche Aktien Sie gerne im Überblick haben möchten. Von Haus aus zeigt das Programm verschiedene Kurse (die Sie natürlich nach Gutdünken löschen und um eigene Einträge ergänzen können). Wenn beim Aufruf des Programms keine Aktien eingetragen sind, wechselt es automatisch in den Dialog zur Neuanlage von Aktieneinträgen.

Geben Sie nun den Namen des Unternehmens ein, dessen Aktien Sie interessieren. Schon während der Eingabe werden passende Einträge angezeigt. Tippen Sie auf den Eintrag, der Sie interessiert, der Eintrag wird in die Aktien-Liste übernommen. Tippen Sie auf **Fertig**, um zur Kursanzeige zu gelangen.

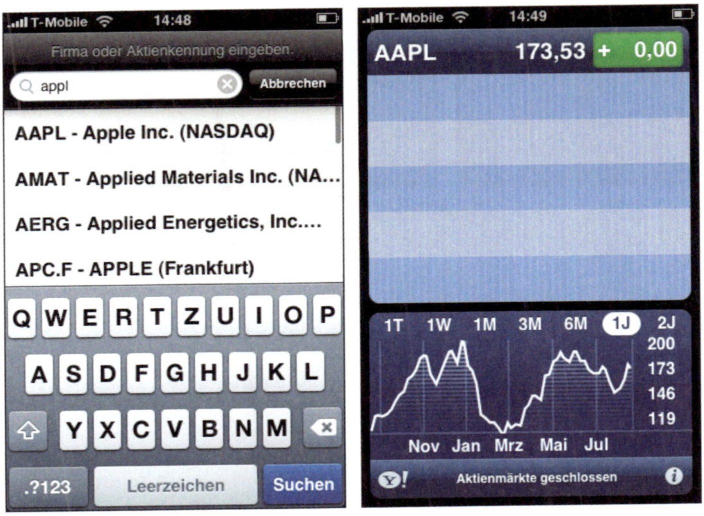

Nach Eingabe eines Aktien-Kürzels oder eines Firmennamens bietet Ihnen Aktien die passenden Einträge zur Auswahl an. Mit einem Fingertipp fügen Sie den Wert Ihrem Portfolio hinzu und haben ab sofort die Kursentwicklung im Blick.

Falls Sie bereits eine Aktie verfolgen, startet **Aktien** mit der Übersicht. Um ein weiteres Papier einzutragen, tippen Sie auf das kleine **i** rechts unten und anschließend auf das **Plus**-Zeichen.

Die Kursentwicklung im Überblick

Beim nächsten Aufruf zeigt **Aktien** die Kursentwicklung. Die Anzeige ist zweigeteilt. Im oberen Bereich sehen Sie die von Ihnen eingetragenen Aktien, darunter wird die Kursentwicklung über einen bestimmten Zeitraum als Diagramm eingeblendet.

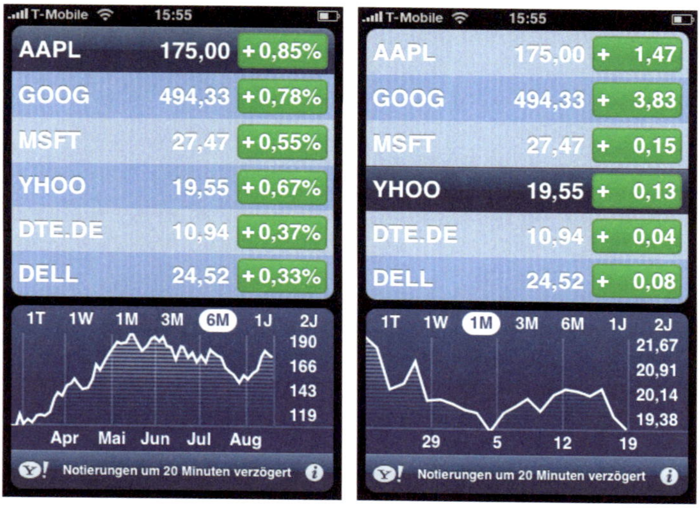

Na, wie stehen die Aktien? Das iPhone verrät es Ihnen. Lassen Sie sich aber nicht von der grafischen Darstellung narren! Achten Sie immer auf den Zeitraum und die Einheit der Werteskala.

Dabei können Sie durch einen einfachen Fingertipp einen Zeitraum zwischen einem Tag und zwei Jahren wählen. Die X-Achse folgt der zeitlichen Entwicklung, auf der Y-Achse werden die Werte eingetragen. In der Aktienliste sehen Sie den aktuellen Kurs und daneben, grün oder rot markiert, den Unterschied zur letzten Notierung. Dieser Wert lässt sich entweder als Zahl oder in Prozent anzeigen. Ein Tipp auf das **i** bringt Sie zu den Einstellungen von **Aktien**, wo Sie im unteren Bereich zwischen **%** und **Zahlen** wechseln können. Der Wert lässt sich auch direkt in der Übersicht ändern – tippen Sie einfach mit dem Finger darauf, um zwischen Prozent und Zahlen zu wechseln.

Da die Grafik die Kursschwankungen möglichst optimal auf der kleinen Fläche anzeigt, wirkt das Diagramm mitunter dramatischer als die Entwicklung tatsächlich ist. Da kann ein Ausschlag von oben nach unten bedeuten, dass die Aktie lediglich um zwei, drei Punkte gefallen ist – es kann aber auch ein Absturz von 100 oder 200 sein. Achten Sie also auf die Y-Achse.

Apropos Y – mit einem Tipp auf das Y!-Symbol links verlassen Sie Aktien und wechseln zu Safari, wo die Webseite von Yahoo! aufgerufen wird, von denen dieses kleine Programm stammt. Dabei wird der Suchmaschine das aktive Aktienkürzel übergeben, so dass Sie sofort aktuelle Informationen zu dieser speziellen Firma erhalten.

Einen Eintrag verschieben/löschen

Die Aktien werden in der Reihenfolge eingetragen, in der Sie sie angegeben haben. Falls Sie diese Reihenfolge ändern möchten, tippen Sie auf das **i** und verschieben die Einträge mit der grauen Griffmarkierung rechts.

So einfach, wie Sie neue Einträge hinzufügen können, lassen sich bestehende Einträge auch wieder löschen. Tippen Sie dafür in der Übersicht auf das **i**. Jeder Eintrag zeigt an der linken Seite ein rotes Minuszeichen. Tippen Sie darauf, wird rechts die Schaltfläche Löschen eingeblendet. Ein weiterer Tipp auf diese Schaltfläche und der Eintrag verschwindet aus der Liste. Haben Sie es sich anders überlegt, lässt ein weiterer Tipp auf das rote Zeichen links die Löschen-Schaltfläche wieder verschwinden.

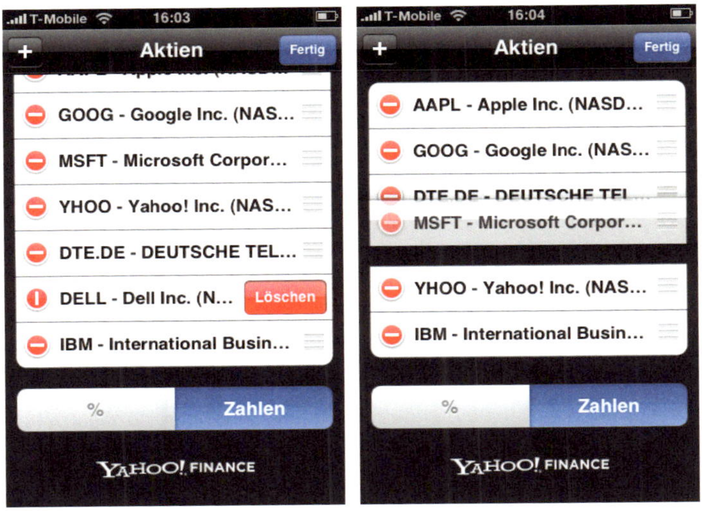

Weg damit – Einträge lassen sich so schnell löschen, wie sie aufgenommen wurden. Über die Griffmarkierung rechts bringen Sie die Einträge in die gewünschte Reihenfolge.

3

Die Telefonfunktionen des iPhones

Auch wenn das iPhone ein veritabler Universalcomputer ist, ist es doch auch ein ganz normales Handy. Naja, so ganz normal ist es nun auch wieder nicht, aber natürlich können Sie damit auch telefonieren und „simsen" (also SMS verschicken und empfangen).

Telefonieren mit dem iPhone

Die Telefonfunktionen des iPhones sind normalerweise so wichtig, dass neben Safari und Mail auch das Telefon-Symbol seinen angestammten Platz im Dock hat. So haben Sie, ganz gleich, auf welcher Bildschirmseite Sie sich befinden, sofort Zugriff auf die Telefonfunktionen des iPhones.

Der Näherungssensor, oder: Warum Sie mit dem Ohr nicht wählen können

Beim Telefonieren müssen Sie Ihr iPhone natürlich ans Ohr halten. Und was ist mit dem berührungsempfindlichen Display, fragen Sie sich? Wie wird verhindert, dass Sie mit Ihrem Ohr nicht auf eine unerwünschte Taste kommen und das Gespräch zum Beispiel unterbrechen oder versehentlich beenden?

Ganz einfach: Das iPhone besitzt auch einen Näherungssensor, der dafür sorgt, dass der Bildschirm abgeschaltet wird, sobald Sie das Telefon ans Ohr nehmen. Entfernen Sie es wieder von Ihrem Gesicht, wird der Bildschirm wieder aktiviert.

Jemanden anrufen

Das iPhone bietet verschiedene Möglichkeiten, jemanden anzurufen. Am einfachsten ist es natürlich, den gewünschten Gesprächspartner aus den Kontakten zu wählen, doch es gibt noch andere Möglichkeiten.

Mit der Tastatur wählen

Beim klassischen Telefon hebt man den Hörer ab, wählt eine Nummer und wartet darauf, dass der Angerufene den Anruf entgegennimmt. Das geht beim iPhone natürlich auch.

Tippen Sie auf das Telefon-Symbol und anschließend im Menü unten auf den Eintrag **Ziffernblock**. Die Tastatur wird eingeblendet und Sie können nun die gewünschte Telefonnummer wählen. Falls Sie sich vertippt haben, löschen Sie die Eingabe mit der Löschtaste rechts unten (der Pfeil mit dem X). Wenn Sie die

Nummer eingegeben haben, heben Sie mit einem Tipp auf das grüne Telefonsymbol den Hörer ab und das iPhone wählt.

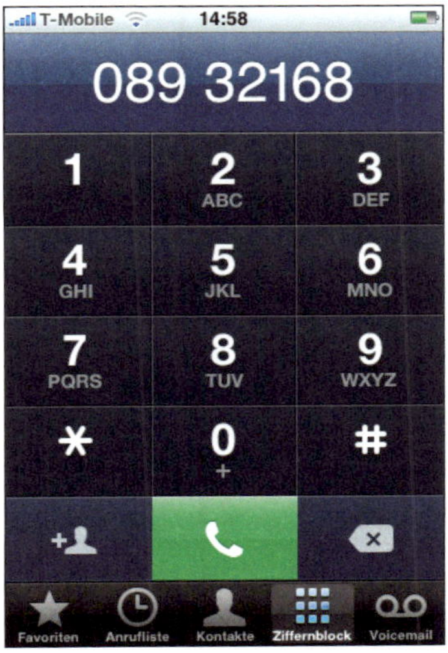

Über den Ziffernblock des Telefons können Sie wie gewohnt eine Nummer wählen.

Einen Anruf aus den Kontakten

Die meisten Personen, die Sie anrufen möchten, werden Sie vermutlich als Kontakt in Ihrem Adressbuch haben. Das macht die Sache natürlich einfacher. Starten Sie mit einem Tipp auf das Telefonsymbol im Dock die Telefonfunktion des iPhones und wählen Sie im Menü unten den Eintrag **Kontakte**. Navigieren Sie zum gewünschten Eintrag und tippen Sie ihn an. Wählen Sie nun mit einem Fingertipp die gewünschte Nummer und das iPhone stellt die Verbindung her.

Einen Anruf beenden

Auch das schönste Gespräch muss einmal beendet werden. Um das bei einem Telefonat mit dem iPhone zu tun, nehmen Sie das iPhone vom Ohr. Nun wird das Display wieder aktiviert und Sie können mit einem Tipp auf die große rote Schaltfläche **Anruf beenden** den Hörer auflegen.

Über die Einträge in den Kontakten können Sie jede beliebige Nummer anrufen, ohne sie erst eingeben zu müssen.

Einen Anruf stumm schalten/halten

Nicht immer ist es erwünscht, dass der Gesprächspartner am anderen Ende der Leitung nun alles zu hören bekommt, was es zu hören gibt. Möchten Sie während eines Telefonats zum Beispiel kurz etwas zu Ihrem Bürokollegen sagen, ohne dass dieses Gespräch auch sofort durchs Telefon übertragen wird, können Sie das Gespräch vorübergehend stumm schalten. Dazu nehmen Sie das Telefon vom Ohr und tippen auf die Schaltfläche **Stumm** mit dem durchgestrichenen Mikrofon.

Ist das Gespräch **Stumm**, hört der Angerufene nichts mehr; bei **Anruf halten** hört er eine Ansage.

Der Effekt: Sie hören zwar weiterhin, was Ihr Gesprächspartner sagt – aber er hört Sie nicht mehr. Sobald Sie weiter telefonieren möchten, tippen Sie erneut auf die (nun blau markierte) Schaltfläche und setzen Ihr Telefonat fort.

Beim Stummschalten eines Telefonats hört Ihr Gesprächspartner gar nichts. So soll's ja auch sein, werden Sie jetzt vielleicht denken. Nun ja – es wäre doch auch schön, wenn der Angerufene eine kurze Durchsage hört, dass die Verbindung weiterhin bestehen bleibt. Genau das passiert, wenn Sie statt auf **Stumm** auf **Halten** tippen. Dann ertönt eine Ansage wie „Ihr Gespräch wird gehalten" oder Ähnliches (was genau gesagt wird, hängt natürlich von den Tonbändern bei T-Mobile ab). Wenn ein Gespräch gehalten wird (und nicht einfach stumm geschaltet), dann können Sie ein zweites Telefonat führen oder auch einen eintreffenden Anruf entgegennehmen und können anschließend zum vorherigen Gespräch zurückkehren.

Die Favoriten (Kurzwahl)

Bei Freunden und Bekannten, die Sie häufiger anrufen, ist es natürlich etwas lästig, zuerst in den Kontakten zu blättern, bevor Sie die gewünschte Nummer wählen können. In diesem Fall empfiehlt es sich, den entsprechenden Kontakt als **Favoriten** zu markieren. Das ist eine Art Kurzwahlfunktion, bei der Sie schneller Anschluss finden.

Einen Eintrag zu den Favoriten hinzufügen

Um einen Eintrag aus den Kontakten zu den Favoriten hinzuzufügen, starten Sie entweder direkt die Kontakte oder Sie tippen auf das Telefon, wo Sie über den **Kontakte**-Menüpunkt ebenfalls zu Ihren Adressen gelangen.

Suchen Sie sich den Eintrag heraus, den Sie zu den Favoriten zählen möchten und lassen Sie ihn sich anzeigen. Am unteren Rand des Eintrags sehen Sie rechts die Schaltfläche **Zu Favoriten**.

Mit einem Tipp auf diese Schaltfläche wird der Eintrag in die Liste aufgenommen. Falls der Kontakteintrag mehrere Telefonnummern besitzt – etwa: privat, beruflich, mobil – fragt Sie das iPhone zuerst, mit welcher Nummer der Eintrag übernommen werden soll.

Beim nächsten Anruf können Sie im Telefon nun einfach auf **Favoriten** und anschließend auf den gewünschten Eintrag tippen, ohne dass Sie zuerst in den Kontakten suchen müssten.

Es gibt noch einen anderen Weg, die Favoritenliste zu ergänzen. Tippen Sie im Telefon unten links auf Favoriten und anschließend oben rechts auf das Plus-Zeichen. Es werden nun die Kontakte eingeblendet, wo Sie sich den gewünschten Eintrag anzeigen lassen. Nun werden nur die Telefonnummern des Eintrags angezeigt, die Sie mit einem weiteren Fingertipp Ihrer Favoritenliste hinzufügen.

Jeder Eintrag in den Kontakten kann mit wenigen Handgriffen zur Schnellwahlliste, den Favoriten, hinzugefügt werden.

Favoriten sortieren und löschen

In der Favoritenliste sind die Einträge normalerweise in der Reihenfolge geordnet, in der Sie sie der Liste hinzugefügt haben. Doch das können Sie natürlich Ihren Wünschen anpassen.

Rufen Sie das Telefon auf und wechseln Sie zu den Favoriten. Tippen Sie oben links auf die Schaltfläche **Bearbeiten**. Nun können Sie die Einträge über die Griffmarkierung rechts verschieben und über das rote Minus-Zeichen links verschieben.

Von den Favoriten zu den Kontakten

Möchten Sie von einem Eintrag in Ihrer Favoritenliste den kompletten Kontakt-Eintrag sehen (und gegebenenfalls bearbeiten), dann tippen Sie nicht auf den Eintrag, sondern auf den blauen Pfeil rechts außen. Das iPhone wechselt zu den Kontakten und öffnet den entsprechenden Eintrag.

Angerufen werden

Ein Telefon dient nicht nur dem Anrufen anderer Personen, sondern natürlich auch dem Angerufenwerden.

Einen Anruf entgegennehmen

Wenn Sie angerufen werden, klingelt Ihr iPhone und blendet eine entsprechende Meldung auf dem Bildschirm ein. Mit einem Tipp auf **Annehmen** stellen Sie die Verbindung her und können telefonieren.

Wenn Ihr iPhone klingelt, sehen Sie den Namen des Anrufers (falls er in Ihren Kontakten ist, versteht sich) und können mit einem Tipp das Gespräch annehmen oder auch ablehnen.

Sollte Ihr iPhone zur Zeit des Anrufs im Standby-Betrieb sein, ist die Annehmen-Funktion ein Schiebeschalter, mit dem Sie das iPhone gleichzeitig entriegeln.

Angerufen werden, während Sie Musik hören

Sie können auch dann ein Gespräch entgegennehmen, wenn Sie mit Ihrem iPhone über das Headset gerade Musik hören – und zwar ohne dass Sie Ihr iPhone dabei zur Hand nehmen müssten. Drücken Sie einfach auf den Mikrofon-Schalter des Headsets. Dabei wird die Musikwiedergabe angehalten und das Gespräch angenommen. Sie können nun dank des Mikrofons des Headsets telefonieren und am Ende mit einem weiteren Druck auf den Schalter den Hörer auflegen und zu Ihrer Musik zurückkehren, die genau an der Stelle weitermacht, an der Sie sie unterbrochen haben.

Einen Anruf ablehnen

Natürlich müssen Sie nicht jeden Anruf direkt entgegennehmen, sondern können den Anrufer auch sofort an Ihren Anrufbeantworter weiterleiten (der bei iPhone Visual Voicemail heißt und mit dem wir uns weiter unten beschäftigen).

Wenn Sie zum Zeitpunkt des Anrufs Ihr iPhone gerade benutzen (es also nicht im Standby-Betrieb ist), dann blendet das iPhone neben der Schaltfläche **Annehmen** auch ein **Ablehnen** ein. Ein Fingertipp, der Anrufer hört die Ansage Ihres Anrufbeantworters und Sie können einfach mit dem weitermachen, was Sie gerade tun.

Sollte sich Ihr iPhone beim Anruf allerdings im Standby-Betrieb befinden, fehlt die **Ablehnen**-Schaltfläche. Hier lehnen Sie einen Anruf ab, indem Sie zweimal kurz auf den Einschaltknopf oben rechts tippen.

Schließlich bleibt noch die Möglichkeit, dass Sie gerade Musik über das Headset hören und Sie sich nicht von einem Anruf stören lassen wollen. In diesem Fall halten Sie die Mikrofon-Taste des Headsets ungefähr zwei Sekunden lang gedrückt und lassen sie dann los. Das iPhone bestätigt die Umleitung des Anrufs zur Visual Voicemail mit zwei kurzen Piepsern.

Weitere Telefonfunktionen

Neben den beschriebenen Grundfunktionen beherrscht das iPhone noch ein paar andere Telefontricks.

Eine Telefonkonferenz zusammenstellen

Normalerweise ist ein Telefonat eine Sache zwischen zwei Personen. Aber das muss es nicht sein, es sind auch Gruppengespräche, also Telefonkonferenzen möglich.

Rufen Sie dazu zuerst einen Teilnehmer der Konferenz an. Sobald das Gespräch aktiv ist, tippen Sie auf das dicke Pluszeichen, das mit **Anruf hinzufügen** beschriftet ist. Rufen Sie nun Ihren zweiten Gesprächspartner an und tippen Sie anschließend auf **Konferenz**, damit nun alle Beteiligten zu einer Dreierkonferenz zusammengeschlossen werden. Sie können nun weitere Teilnehmer hinzufügen.

Über den kleinen Pfeil oben links können Sie sich eine Liste der aktuell mit Ihnen verbundenen Teilnehmer einblenden lassen. Möchten Sie einen der Teilnehmer aus der Konferenz verabschieden, tippen Sie dort auf das rote Telefonsymbol, das sich in die Schaltfläche **Beenden** verändert.

Das funktioniert auch, wenn Sie während eines Telefonats einen weiteren Anruf entgegennehmen. Tippen Sie in diesem Fall zuerst auf **Halten**, nehmen Sie das zweite Gespräch an und verbinden Sie alles mit **Konferenz**.

Bei einer Telefonkonferenz können Sie ein Gespräch mit mehreren Teilnehmern gleichzeitig führen.

Während eines Telefonats andere Dinge tun

Eine wirklich praktische Sache beim iPhone ist, dass Sie telefonieren und gleichzeitig andere Dinge tun können, etwa im Internet surfen, E-Mails lesen oder die Kontaktdaten bearbeiten. So können Sie während eines Gesprächs rasch eine benötigte Information nachschlagen, etwas notieren, im Internet surfen oder E-Mails lesen etc.

Sie können mit Ihrem iPhone weiterarbeiten, während Sie telefonieren.

Um zum Home-Bildschirm des iPhones zu wechseln, ohne ein Telefonat abzubrechen, tippen Sie einfach auf den Home-Button. Nun können Sie zum Beispiel die Notizen aufrufen, Safari starten oder Ihre E-Mails lesen. Möchten Sie zum Telefon zurückkehren, tippen Sie auf den am oberen Bildschirmrand eingeblendeten Text **Zum Anruf zurück? Hier tippen!**

Die Freisprechanlage

Wenn Sie Ihr iPhone nicht ans Ohr halten, aber trotzdem telefonieren möchten und Ihr Headset nicht zur Hand haben, aktivieren Sie einfach die Freisprechanlage des iPhones. Dafür tippen Sie auf die Schaltfläche **Lautsprecher**. Nun können Sie das iPhone beispielsweise auf den Tisch legen und haben die Hände für andere Dinge frei.

Rufnummer unterdrücken

Normalerweise überträgt Ihr iPhone bei einem Anruf Ihre Telefonnummer. So sieht Ihr Gesprächspartner noch bevor er Ihren Anruf entgegennimmt, wer ihn da gerade anruft. Wenn Sie das nicht möchten, können Sie die Rufnummer auch unterdrücken. Und das geht so.

Die automatische Übermittlung der Rufnummer lässt sich in den Einstellungen ein- und ausschalten.

Rufen Sie vom Home-Bildschirm die **Einstellungen** auf und wechseln Sie dort zu **Telefon**. Hier wählen Sie Meine Rufnummer senden und schalten über den Schalter **Rufnummer senden** die Übermittlung Ihrer Telefonnummer aus bzw. wieder ein.

Der Anrufbeantworter und Visual Voicemail

Jeder Anrufer, der Sie nicht erreicht oder den Sie direkt zum Anrufbeantworter geschickt haben, hört eine kurze Ansage und kann Ihnen anschließend eine Nachricht hinterlassen, die Sie zu einem späteren Zeitpunkt anhören können.

Dabei hat sich Apple etwas wirklich Pfiffiges einfallen lassen: „Visual Voicemail", was sich ungefähr mit „grafische Sprachnachrichten" übersetzen lässt.

Bei einem normalen Anrufbeantworter werden die Anrufe der Reihe nach aufgenommen und können auch nur der Reihe nach wiedergegeben werden. Sie können sich nicht gezielt die dritte Nachricht anhören, ohne die ersten beiden angehört zu haben. Es ist auch nicht so ohne weiteres möglich, eine Ansage zu stoppen, kurz zurückzuspulen und eine bestimmte Passage (etwa einen Termin oder eine Telefonnummer) noch einmal anzuhören, um sie genau mitzubekommen.

Bei Visual Voicemail geht das völlig problemlos, denn hier werden die aufgezeichneten Nachrichten in einer Liste aufgeführt, in der Sie den gewünschten Eintrag antippen und abspielen können.

Damit das allerdings funktioniert, müssen Sie Visual Voicemail zuerst aktivieren.

Voicemail einrichten

Visual Voicemail erreichen Sie über den entsprechenden Menüpunkt im Telefon. Beim ersten Aufruf werden Sie aufgefordert, ein Kennwort und eine Begrüßung festzulegen. Das Kennwort besteht aus vier Ziffern und wird von Ihnen nur dann benötigt, wenn Sie Ihren Anrufbeantworter ausnahmsweise einmal nicht von Ihrem iPhone, sondern einem anderen Telefon abrufen.

Bevor Sie Visual Voicemail benutzen können, müssen Sie es kurz einrichten.

Die Begrüßung ist der Text, den der Anrufer hört, sobald er zu Ihrem Anrufbeantworter durchgestellt wurde. Hier haben Sie die Möglichkeit, eine eigene Ansage aufzunehmen oder es bei der Standard-Ansage von T-Mobile zu belassen.

Voicemail abrufen

Wenn Sie eine oder mehrere ungehörte Nachrichten auf Ihrem Anrufbeantworter haben, zeigt das Telefon dies durch eine kleine rote Zahl beim Symbol **Voicemail** an.

Um die Nachrichte(n) abzuhören, tippen Sie auf Voicemail. Sie sehen nun eine Liste der Nachrichten, die ein wenig so aussieht, wie eine Songliste im iPod – und auch fast genau so funktioniert.

Tippen Sie auf die Nachricht, die Sie hören möchten; um die Wiedergabe zu stoppen, tippen Sie erneut darauf.

Die Wiedergabe wird durch einen Fortschrittsbalken angezeigt. Dort sehen Sie nicht nur, wie lang die Nachricht ist, sondern Sie können damit auch beliebig in der Nachricht vor- und zurückspulen, indem Sie den kleinen Knopf mit dem Finger vor- oder zurückschieben. Um eine Nachricht zu pausieren, tippen Sie auf das kleine Pausensymbol links neben dem Eintrag.

Visual Voicemail erlaubt Ihnen den wahlfreien Zugriff auf alle gespeicherten Sprachnachrichten.

Mit einem Tipp auf **Anrufen** können Sie den Anrufer zurückrufen, mit **Löschen** wird die Sprachnachricht gelöscht.

Der blaue Pfeil rechts ruft den Kontakte-Eintrag des Anrufers auf. Falls diese Nummer noch nicht in Ihren Kontakten gespeichert ist, lässt sie sich darüber auch Ihren Kontakten einverleiben.

Akustische Benachrichtigung

Sie können sich vom iPhone durch einen akustischen Hinweis darauf aufmerksam machen lassen, dass eine neue Sprachnachricht vorliegt. Rufen Sie die **Einstellungen** vom Home-Bildschirm auf und wählen Sie den Eintrag **Töne**. Durch einen Tipp auf den Schalter beim Eintrag **Neue Sprachnachricht** können Sie den akustischen Hinweis ein- bzw. ausschalten.

Die Anrufliste

Alle Anrufe, ganz gleich, ob Sie anrufen oder angerufen wurden, werden in der Anrufliste protokolliert, die Sie sich im Telefon über die entsprechende Schaltfläche anzeigen lassen können. Falls es hier neue Einträge gibt, wird dies wie gewohnt durch ein kleine rote Zahl an der Schaltfläche angezeigt.

Die Liste zeigt standardmäßig sämtliche Anrufe an, verpasste Anrufe sind rot markiert. Möchten Sie nur die Anrufe sehen, die Sie nicht erreicht haben, tippen Sie auf die Schaltfläche **Verpasst**. Um einen Anrufer zurückzurufen, tippen Sie einfach auf den entsprechenden Eintrag. Auch hier bringt Sie ein Tipp auf den blauen Pfeil zum entsprechenden Kontakt-Eintrag. Hier können Sie auch sehen, ob es sich bei einem Anruf in der Liste um einen aus- oder eingehenden Anruf handelt.

In der Anruferliste werden sämtliche Anrufe gespeichert – auch die, die Sie selbst von Ihrem iPhone aus getätigt haben.

Leider können Sie nicht einzelne Einträge in der Anrufliste gezielt löschen, sondern nur die komplette Liste. Dafür tippen Sie einfach auf die Schaltfläche **Löschen** rechts oben.

Klingeln und Vibrieren

Damit Ihr iPhone beim Klingeln nicht immer gleich klingt, können Sie unter verschiedenen Klingeltönen wählen. Und nicht nur das: Sie können eigene Klingeltöne auf das iPhone kopieren und auch bestimmten Kontakten bestimmte Klingeltöne zuweisen. Damit Sie schon am Klingeln erkennen, wer Sie anruft. Natürlich ist es auch möglich, einen Vibrationsalarm einzustellen.

Klingelton festlegen

Das iPhone kommt von Haus aus mit 25 verschiedenen Tonfolgen, die Sie als Klingelton benutzen können. Um einen Klingelton festzulegen, rufen Sie zuerst vom Home-Bildschirm die **Einstellungen** auf und wechseln dann auf **Töne**.

Hier wählen Sie den Eintrag Klingeltöne und wählen nun den Ton, der Ihnen am besten gefällt.

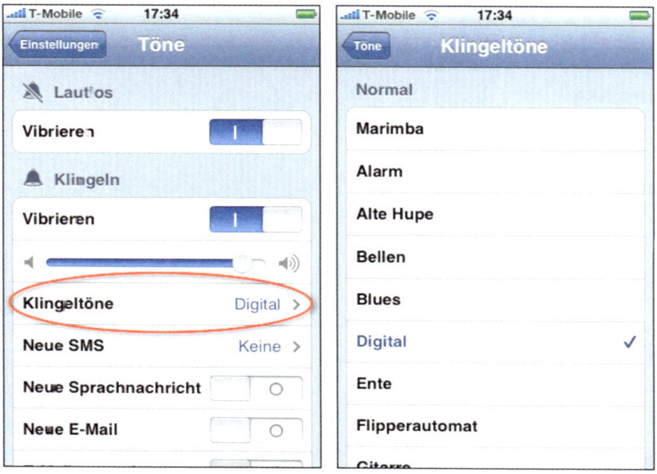

Das iPhone bietet Ihnen von Haus aus eine stattliche Auswahl an Klingeltönen.

Einem Kontakt einen Klingelton zuweisen

Um einem Kontakteintrag einen bestimmten Klingelton zuzuweisen, rufen Sie zuerst die Kontakte vom Home-Bildschirm auf (oder tippen im Telefon auf die entsprechende Schaltfläche) und lassen sich den gewünschten Eintrag anzeigen.

Tippen Sie nun auf **Bearbeiten** und wählen Sie den Eintrag **Klingelton**. Jetzt können Sie den gewünschten Ton auswählen und den geänderten Eintrag mit **Fertig** speichern.

Eigene Klingeltöne installieren

Auch wenn die Ton-Auswahl beim iPhone recht umfangreich ist, reicht Sie Ihnen vielleicht nicht aus. Kein Problem. Alles, was Sie brauchen, ist eine passende Klingelton-Datei. Die können Sie entweder im iTunes Store bei Apple kaufen (zumindest theoretisch, zum Zeitpunkt, an dem ich dieses Kapitel schreibe, führt die Auswahl eines Klingeltons nur zu einer Fehlermeldung), über eine der verschiedenen Seiten im Internet auch (kostenlos) herunterladen oder mit einem Zusatzprogramm aus Ihren Musikbeständen selbst erzeugen. Wenn Sie einen Mac besitzen, können Sie hierfür auch das Programm „GarageBand" benutzen (und zwar über den Menüpunkt **Bereitstellen** > **Klingelton an iTunes senden**).

Wenn Sie an einem Mac arbeiten, sind Sie fein raus. Dann nämlich können Sie Ihre Klingeltöne mit GarageBand selbst machen.

Wenn Sie einen neuen Klingelton aus dem Internet geladen haben, liegt er als Datei auf Ihrer Festplatte und muss nur noch nach iTunes importiert werden. Beim nächsten Sync-Vorgang wird der Klingelton auf das iPhone kopiert und steht dort im Klingeltonverzeichnis im Abschnitt **Persönlich** zur Verfügung.

Klingeltöne mit iTunes selbst gemacht

Das iPhone benutzt für Klingeltöne ein eigenes Dateifomat (m4r) und akzeptiert hier keine MP3-Datei. Doch das macht nichts, denn Sie können mit iTunes MP3-Klingeltöne iPhone gerecht konvertieren. Das ist offiziell zwar nicht so ganz vorgesehen, funktioniert aber. Und zwar so.

Sie importieren zuerst einen MP3-Klingelton (der nicht länger als 30 Sekunden sein darf) in iTunes. Anschließend markieren Sie die importierte Datei und wählen **Erweitert > AAC-Version erstellen**. Nun klicken Sie die neue AAC-Datei mit der rechten Maustaste an und wählen **Im Finder zeigen** bzw. **In Windows Explorer zeigen**. Kopieren Sie die Datei auf den Desktop und löschen Sie die MP3- und die AAC-Version in iTunes. Benennen Sie die AAC-Datei auf dem Desktop von „.m4a" in „.m4r" um und importieren Sie die Datei wieder in iTunes. Voilà: Der Klingelton wird korrekt als Klingelton erkannt und beim nächsten Sync auf das iPhone übertragen.

Das vibrierende iPhone

Wenn Sie das Klingeln des iPhones mit dem Schalter links ausgeschaltet haben, können Sie sich immer noch von einem vibrierenden iPhone an einen eintreffenden Anruf erinnern lassen.

Rufen Sie dafür die Einstellungen vom **Home-Bildschirm** auf und wählen Sie den Eintag **Töne**.

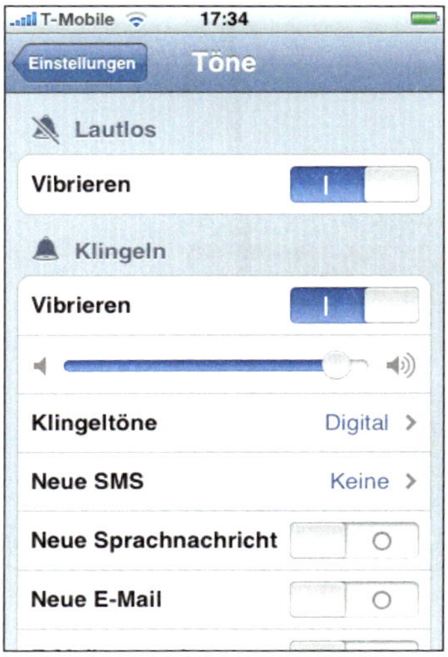

Ob Ihr iPhone bei einem Anruf brummend vibrieren soll oder nicht, legen Sie in den **Einstellungen** fest.

Im oberen Abschnitt **Lautlos** legen Sie fest, ob das iPhone bei ausgeschaltetem Klingelton vibrieren soll oder nicht.

Im Abschnitt **Klingeln** stellen Sie ein, ob Ihr iPhone nicht nur klingeln, sondern zusätzlich vibrieren soll.

Textnachrichten mit SMS

Das phänomenal erfolgreiche „Short Messaging System" SMS ist natürlich auch auf dem iPhone verfügbar – allerdings müssen Sie sich hier nicht mit drei- oder vierfach belegten Tasten herumschlagen und die automatische Vervollständigung mit T9 ist hier auch nicht nötig. Stattdessen tippen Sie Ihre kurze Textnachricht bequem über die Tastatur ein.

Eine SMS schreiben und senden

Um eine SMS zu schreiben, rufen Sie das Programm SMS vom Home-Bildschirm auf und tippen auf das Symbol rechts oben, das ein stilisiertes Blatt Papier und einen Stift zeigt.

Es öffnet sich das Formular für eine neue SMS. Hier geben Sie die Nummer des Empfängers ein oder wählen sie mit dem blauen Pluszeichen rechts aus Ihrem Adressbuch. Tippen Sie Ihre Mitteilung und schicken Sie sie mit **Senden** auf die Reise.

Eine SMS wird vom iPhone ein wenig wie die arme Schwester der E-Mail behandelt.

Eine SMS empfangen und lesen

Eintreffende Nachrichten werden sofort auf dem Home-Bildschirm angezeigt, was einerseits ganz praktisch ist, da man zum Lesen einer SMS nicht extra in das Programm wechseln muss. Andererseits aber auch ein wenig lästig, weil jeder, der zufällig auf Ihr iPhone schaut (weil es zum Beispiel auf dem Tisch vor Ihnen liegt), mitbekommt, dass Sie eine SMS erhalten haben und diese am Ende auch noch lesen kann. Leider lässt sich diese Sofort-Anzeige einer SMS nicht abschalten, hier muss man auf das nächste Update der iPhone-Software hoffen.

Um eine (oder auch alle gespeicherten) SMS zu lesen, tippen Sie zuerst auf **SMS** auf dem Home-Bildschirm. Sie sehen nun eine Liste aller empfangenen Textnachrichten.

Neue SMS werden vom iPhone sofort auf dem Display angezeigt, was unter Umständen ein wenig lästig sein kann. Dafür werden SMS-Dialoge als Unterhaltung dargestellt, was deutlich übersichtlicher als die übliche chronologische Anordnung ist.

Die Textnachrichten werden vom iPhone nicht einfach chronologisch der Reihe nach gespeichert, sondern zu „Unterhaltungen" zusammengefasst, wie Sie sie vielleicht von Ihrem Chat-Programm kennen. Um eine dieser Unterhaltungen zu lesen, tippen Sie sie einfach an.

Dabei werden Ihre SMS und die Antworten darauf in kleinen Sprechblasen angezeigt, die entweder als graue Sprechblase auf der linken, mal als grüne Sprechblase auf der rechten Seite stehen. Die grünen Sprechblasen enthalten die Nachrichten, die Sie verschickt haben.

Töne für SMS einstellen

Beim Eintreffen einer SMS gibt Ihr iPhone eine akustische Meldung von sich. Es piepst, klingelt oder musiziert – je nachdem, welcher Ton eingestellt ist. Um einen neuen (oder auch gar keinen) Ton zu wählen, rufen Sie zuerst die **Einstellungen** vom Home-Bildschirm auf und wählen anschließend den Eintrag **Töne**.

Hier können Sie nun über den Eintrag **Neue SMS** den Ton festlegen. Wenn Sie für Ruhe sorgen möchten, wählen Sie den Punkt **Keine**.

SMS-Unterhaltungen löschen

Die Anordnung der Textnachrichten in Form von Unterhaltungen macht es leider unmöglich, eine einzelne SMS gezielt zu löschen, Sie löschen auf jeden Fall immer die komplette Unterhaltung. Tippen Sie dafür in der Anzeige der SMS-Unterhaltung rechts oben auf die Schaltfläche **Löschen** und bestätigen Sie die Sicherheitsabfrage.

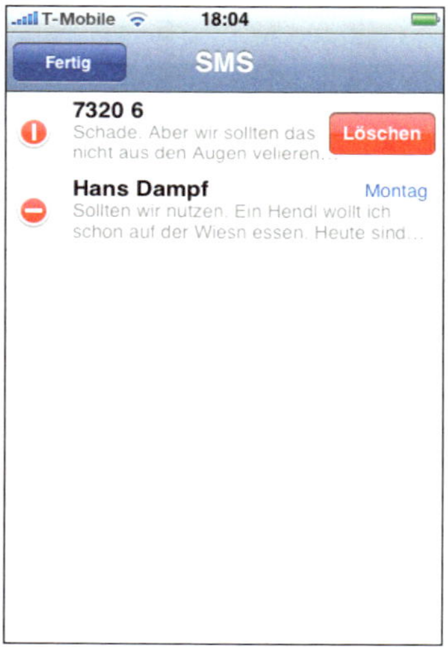

Ganz oder gar nicht: Sie können keine einzelne SMS löschen, sondern immer nur die komplette Unterhaltung.

Möchten Sie mehrere Unterhaltungen auf einmal löschen, tippen Sie in der SMS-Übersicht links oben auf die Schaltfläche **Bearbeiten** und anschließend auf das rote Minuszeichen vor dem entsprechenden Eintrag. Es wird die Schaltfläche **Löschen** eingeblendet, mit der Sie die komplette Unterhaltung aus der Liste entfernen.

4

Mit dem iPhone ins Internet

Eine der wirklich faszinierendsten Möglichkeiten des iPhones, die meine Online-Nutzung drastisch verändert hat, ist der (fast) überall verfügbare Internetzugang. In meiner Vor-iPhone-Zeit habe ich auf meinen digitalen Begleitern allenfalls ab und zu mal mühsam eine Mail zusammengstoppelt. „Internet unterwegs" war zwar möglich, wurde von mir aber wegen der mangelhaften Umsetzung eher seufzend und widerwillig genutzt. Das iPhone hat das sehr konsequent und sehr nachhaltig verändert. Seither ist es für mich völlig normal geworden, dass ich von überall her mal rasch einen Blick in mein Postfach werfe, die Nachrichten im Internet überfliege oder mir die aktuellen Fußballergebnisse anzeigen lasse. Ich diskutiere unterwegs in Internetforen, korrigiere Kleinigkeiten an meiner Website und beantworte allerlei Fragen von Freunden beim Bier – schließlich habe ich dank iPhone sofortigen Zugriff auf solche fantastischen Lexika im Internet wie die Wikipedia oder die IMDB (Internet Movie Database). Schon der mobile Internetzugang des iPhones reicht aus, um dieses Gerät in die Annalen der Technikgeschichte eingehen zu lassen.

Heia Safari!

Das vielleicht wichtigste, nützlichste und überhaupt beste Programm auf dem iPhone ist die mobile Version von Apples Webbrowser Safari. Dabei handelt es sich nicht etwa um eine Schrumpfversion von Safari, sondern um einen kompletten Webbrowser, der alles kann, was Ihr Browser auf Ihrem Computer auch kann.

Naja, fast, ein paar Dinge kann er dann doch nicht. So wird zum Beispiel Flash von Safari nicht unterstützt. Flash benötigt einfach zu viel Rechenleistung, Speicherplatz und Batterieleistung, als dass es wirklich sinnvoll wäre, Flash auf einem mobilen Gerät zu installieren.

Das mag sich in Zukunft ändern und es ist nicht ausgeschlossen, dass Flash durch ein späteres Update installiert werden wird. Derzeit muss man sich allerdings mit dem Fehlen von Flash abfinden. Wenn es Sie jetzt ärgert, dass Sie keine Flash-Filmchen gucken können, trösten Sie sich mit dem Gedanken, dass Ihnen die verflashte Werbung komplett erspart bleibt.

Doch davon abgesehen, haben Sie mit Mobile Safari einen ausgewachsenen, leistungsfähigen Webbrowser in Ihrer Jackentasche, mit dem Sie praktisch immer und überall durchs Internet surfen können.

Die beliebten Youtube-Filme auf Webseiten können übrigens trotzdem auf dem iPhone gesehen werden – mehr dazu im Kapitel 7: „Foto und Film".

Mit Safari im Internet surfen

Da Safari ein zentrales Programm ist, das man jederzeit möglichst schnell zur Hand haben möchte, erreichen Sie es standardmäßig über das Dock (also jene Leiste mit vier Programmen am unteren Rand des Bildschirms). Sie können das Programm-Symbol natürlich auch an jede andere Stelle schieben, aber wenn Sie mich fragen, gehört das Safari-Symbol unbedingt da hin, wo es von Haus aus ist.

Eine Webseite aufrufen

Sie starten Safari wie alle Programme durch einen Tipp auf das Symbol. Beim ersten Aufruf werden Sie von einer leeren Seite begrüßt, später lädt Safari immer die zuletzt angezeigte Webseite.

Bei der leeren Seite blendet Safari automatisch die Lesezeichen ein, die wir vorerst aber mit einen Tipp auf **Fertig** wieder verschwinden lassen. Um eine Webseite aufzurufen, tippen Sie in das Adressfeld und geben die gewünschte Adresse ein. Um die Webseite aufzurufen, tippen Sie auf **Öffnen**.

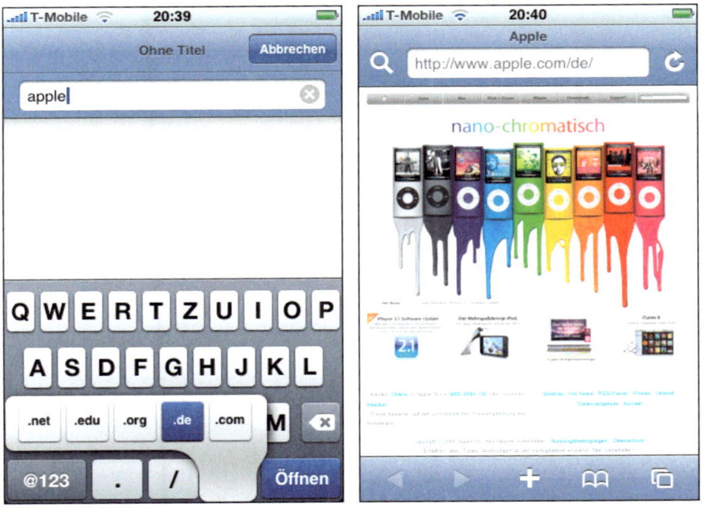

Bei der Eingabe von Web-Adressen können Sie es sich normalerweise leicht machen und auf die üblichen Angaben wie *http://www.* verzichten.

Dabei können Sie normalerweise darauf verzichten, das Protokoll (also „http://") und „www" einzutippen. Statt *http://www.apple.com/* genügt auch ein einfaches *apple.com*. Und selbst das wird Ihnen noch erleichtert, besitzt die Tastatur doch bereits ein Kürzel für „.com". Tippen Sie also lediglich „apple" ein und anschließend auf die **.com**-Taste. Und wenn Sie gar keine Adresse mit „.com", sondern mit „.de", „.org", „.net" oder „.edu" aufrufen wollen? Nun, ganz einfach, dann halten Sie die **.com**-Taste nur etwas länger gedrückt und das iPhone blendet die übrigen Top-Level-Domains ein.

Safari merkt sich die von Ihnen eingetippten Adressen und bietet Ihnen bei der Eingabe der Adresse eine Liste passender früherer Eingaben an, die Sie mit einem Tipp auswählen und sich das Tippen so ersparen können.

Wie Sie sich im Browser orientieren

Wenn Sie eine Webseite aufgerufen haben, stellt Safari sie zuerst möglichst vollständig dar. Da das Dispay des iPhones eine Auflösung von 320 × 480 Pixel hat, ist die Darstellung natürlich sehr klein und große Webseiten schrumpeln zu winzigen Bildern zusammen. Sie werden die Seite zwar erkennen – aber Sie werden weder Texte lesen noch Bilder wirklich sehen können.

Bereiche auf Webseiten lassen sich oftmals mit einem Doppeltipp vergrößern.

Doch das ist kein Problem. Bei vielen Seiten reicht ein Doppeltipp auf die Stelle, die Sie interessiert. Safari analysiert das entsprechende Element der Seite – eine Textspalte, einen Kasten, ein Bild – und zoomt so weit heran, bis das gewünschte Element bildschirmfüllend dargestellt wird. Falls das nicht funktioniert, ziehen Sie die Seite einfach mit den Fingern auf. Setzen Sie dafür Daumen und Zeigefinger auf den Bildschirm und ziehen Sie sie auseinander.

So lässt sich der Text einer Seite in der Regel gut lesen, andere Bereiche der Webseite erreichen Sie, indem Sie den Bildschirminhalt mit dem Finger entsprechend verschieben.

Wenn ein Text sehr breit läuft und beim Hineinzoomen nicht in lesbarer Form umbricht (das ist zum Beispiel bei Artikeln der Wikipedia der Fall), dann kippen Sie das iPhone einfach um 90 Grad nach links (oder rechts), um den Browser im Querformat anzeigen zu lassen.

Bei besonders breiten Webseiten (hier: Wikipedia) genügt es häufig, das iPhone auf die Seite zu kippen, um den Text bequem lesen zu können.

Möchten Sie einem Link auf einer Webseite folgen, machen Sie genau das, was Sie auch am Computer tun: Sie klicken ihn an. Auf dem maus- und stiftlosen iPhone heißt das natürlich: Sie tippen ihn an.

Über die Pfeile links unten können Sie sich, wie Sie es vermutlich vom Browser auf Ihrem Computer her gewöhnt sind, durch die von Ihnen aktuell besuchten Seiten tippen. Mit dem Pfeil nach links blättern Sie chronologisch zurück, mit dem Pfeil nach rechts entsprechend wieder nach vorn.

Um eine Seite neu zu laden, tippen Sie auf den kreisförmigen Pfeil rechts oben. Während des Ladevorgangs erscheint an seiner Stelle ein X, über das Sie das Laden einer Webseite abbrechen.

Suchen und finden mit Google und Yahoo!

Das Tolle am Internet ist, dass Sie hier Informationen zu allen, aber wirklich allen Themen finden. Vorausgesetzt, Sie wissen, wie Sie suchen müssen. Hier hilft Ihnen das iPhone damit, dass die Suchmaschinen von Google und Yahoo! bereits fest eingebaut sind.

Um die Suche aufzurufen, tippen Sie auf die Lupe links oben. Es öffnet sich die Eingabeleiste und der Cursor blinkt bereits unten im Suchfeld. Geben Sie Ihren Suchbegriff ein und tippen Sie anschließend auf die Taste **Google** rechts unten. Safari reicht Ihre Anfrage direkt an Google durch und präsentiert Ihnen die Suchergebnisse.

Auch auf dem iPhone sind Google oder Yahoo! eine unverzichtbare Suchhilfe.

Wenn Sie statt mit Google lieber mit Yahoo! suchen, gehen Sie folgendermaßen vor. Rufen Sie auf dem Home-Bildschirm die **Einstellungen** auf. Tippen Sie dort auf den Eintrag **Safari**. Hier können Sie nun beim Punkt **Suchmaschine** zwischen Google und **Yahoo!** wählen.

Womit möchten Sie suchen – Google oder Yahoo!?

Wenn Sie mit Yahoo! statt mit Google suchen, ändert sich natürlich auch die Tastatur für die Sucheingabe. Statt der **Google**-Taste rechts unten erscheint dort nun eine **Yahoo!**-Taste. (Es hat schon enorme Vorteile, wenn die Tastatur nicht fest verbaut, sondern flexibel anpassbar ist.)

Mehrere Seiten öffnen (und Seiten schließen)

Wer eine neue Webseite öffnen, die aktuelle aber nicht verlieren möchte, der öffnet die neue Webseite in einem neuen Browser-Tab oder -Fenster. Das geht auch bei Safari: Um eine neue, leere Seite zu öffnen, tippen Sie auf das Symbol mit den beiden übereinanderliegenden Quadraten rechts unten (die unschwer als Symbolisierung mehrerer Seiten zu erkennen sind).

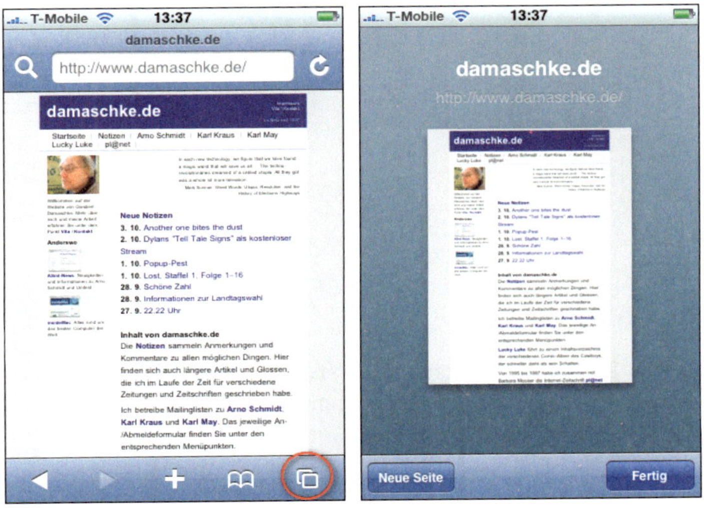

Was im Browser auf dem Computer die verschiedenen Tabs, sind beim mobilen Safari mehrere Seiten, zwischen denen Sie nach Lust und Laune wechseln können.

Safari verkleinert die aktuelle Seite und blendet unten ein neues Menü ein. Mit einem Tipp auf **Neue Seite** öffnet Safari eine neue Seite und kehrt zur Vollbilddarstellung zurück.

Sobald Sie mehr als eine Seite geöffnet haben, wird das Symbol unten rechts um die Anzahl der geöffneten Seiten ergänzt – Sie sehen dort also nun eine **2**.

Um zwischen verschiedenen geöffneten Seiten zu wechseln, tippen Sie erneut auf das Seitensymbol unten rechts. Wieder verkleinert Safari die Darstellung, aber nun sehen Sie am linken bzw. rechten Rand ein kleines Stück der nächsten Seite. Mit dem Finger können Sie durch die geöffneten Seiten blättern. Um die gewünschte Seite in der Vollbilddarstellung zu sehen, tippen Sie einmal doppelt auf die Seite oder auf die Schaltfläche **Fertig** unten rechts.

Ab und an sollten Sie ein wenig aufräumen und die nicht mehr benötigten, geöffneten Seiten wieder schließen. Wechseln Sie dazu über das Seitensymbol unten rechts in die verkleinerte Darstellung, blättern Sie zu den Seiten, die Sie nicht mehr benötigen und tippen Sie auf das kleine rote x links oben.

Nicht mehr benötigte Seiten belegen nur unnütz Speicherplatz und sollten über das rote X geschlossen werden.

Umgang mit Lesezeichen

Beim mobilen Surfen im Internet ist nichts anders als daheim am Computer. Man stößt immer wieder auf wichtige oder interessante Seiten, die man sich merken möchte. Also bietet Safari Ihnen auch in der mobilen Version die Möglichkeit, Lesezeichen zu setzen.

Ein Lesezeichen anlegen

Die Adresse der aktuellen Seite speichern Sie durch einen Tipp auf das Plus-Zeichen am unteren Bildschirmrand. Es öffnet sich ein Menü, in dem Sie den Punkt **Lesezeichen** auswählen. Nun können Sie einen Namen für das Lesezeichen eingeben und einen Ordner, in dem es abgelegt werden soll.

Lesezeichen sorgen auch unterwegs dafür, dass Sie interessante Seiten schnell wiederfinden.

Einen Ordner legen Sie im Lesezeichen-Menü an, das Sie mit einem Fingertipp auf das Buchsymbol im Browserfenster öffnen. Tippen Sie hier auf **Bearbeiten** (unten links) und anschließend auf **Neuer Ordner** (rechts unten). Geben Sie dem Ordner nun einen Namen und legen Sie fest, wo er angelegt werden soll.

Lesezeichen werden über das Buchsymbol aufgerufen und lassen sich über die Bearbeiten-Schaltfläche verwalten.

Standardmäßig gibt Safari die Ordner-Ebene vor, auf der Sie sich aktuell befinden, aber Sie können natürlich auch problemlos Unterordner zu Ordnern anlegen und die Ordnerstruktur beliebig verschachteln. Der Ordner wird sofort angelegt, ohne dass Sie weitere Eingaben vornehmen müssten, Sie können also über den Pfeil links oben wieder zurückgehen.

Lesezeichen organisieren

Die Lesezeichen auf Ihrem iPhone sind natürlich nicht in Stein gemeißelt, sondern können von Ihnen jederzeit bearbeitet werden. Lesezeichen lassen sich umbenennen, verschieben und natürlich auch löschen.

Wenn Sie Ihre Lesezeichen einmal aufräumen und entrümpeln wollen, starten Sie zuerst Safari und wählen anschließend mit einem Tipp auf das Buchsymbol unten das Lesezeichen-Menü. Tippen Sie hier auf **Bearbeiten**.

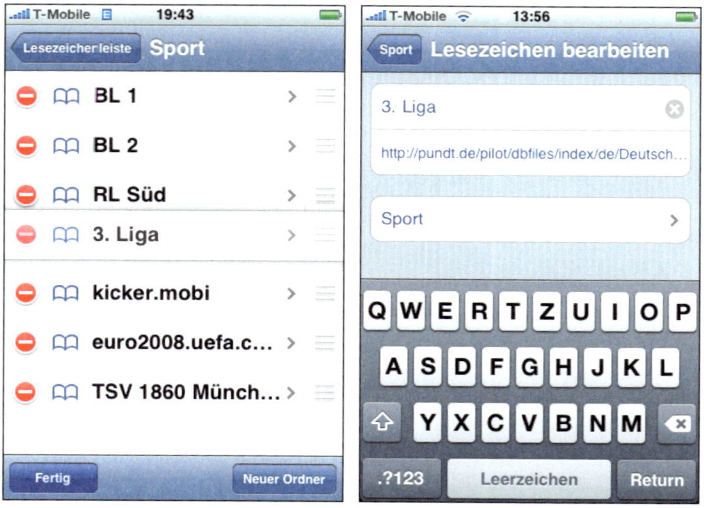

Gespeicherte Lesezeichen lassen sich problemlos verschieben, löschen oder umbenennen.

Nun können Sie die Lesezeichen auf der aktuellen Ebene verschieben, indem Sie sie über die Griffmarkierung rechts an die gewünschte Position schieben.

Mit einem Tipp auf das rote Minus-Zeichen links löschen Sie ein Lesezeichen.

Möchten Sie einen Eintrag in einen anderen Ordner verschieben oder umbenennen, tippen Sie den gewünschten Eintrag an. Es öffnet sich der vertraute Dialog zum Anlegen eines Lesezeichens. Mit einem Tipp auf den aktuellen Ordnereintrag blendet Safari sämtliche verfügbare Ordner ein. Mit einem Tipp auf das gewünschte Ziel verschiebt Safari das Lesezeichen an den neuen Ort.

Lesezeichen auf dem Home-Bildschirm

Eine besondere Form von Lesezeichen sind Lesezeichen auf dem Home-Bildschirm. Dabei handelt es sich um Verknüpfungen zu bestimmten Webseiten, die Sie direkt vom Home-Bildschirm aufrufen können, ohne zuvor Safari starten zu müssen. Das empfiehlt sich bei wichtigen Seiten, die Sie regelmäßig und ohne große Umwege aufrufen möchten. Das geht so.

Laden Sie in Safari die entsprechende Seite und tippen Sie auf das Plus-Zeichen am unteren Bildschirmrand. Im Menü wählen Sie nun den Eintrag **Zum Home-Bildschirm**. Nun geben Sie dem Lesezeichen wie gewohnt einen Namen und tippen oben rechts auf **Hinzufügen**.

Lesezeichen auf dem Home-Bildschirm erlauben den schnellen Zugriff auf wichtige Webseiten, ohne dass Sie Safari starten müssen.

Als Symbol für den Home-Bildschirm wählt Safari entweder das Favicon der Seite (also das kleine Symbol, das Sie beim Browser auf dem Computer links in der Adresszeile und als Markierung der Lesezeichen sehen) oder einen verkleinerten Screenshot der Seite.

Das Lesezeichen wird an der nächsten freien Stelle auf Ihrem Home-Bildschirm angelegt. Sie können es wie jeden anderen Eintrag auf dem Home-Bildschirm an eine beliebige andere Position schieben, indem Sie es so lange gedrückt halten, bis die Symbole in den „Wackelmodus" wechseln. Es ist vielleicht keine schlechte Idee, eine Bildschirmseite für wichtige Webadressen zu reservieren.

Lesezeichen mit dem Computer abgleichen

Das iPhone kann seine Lesezeichen mit denen auf Ihrem Computer abgleichen. So stellen Sie sicher, dass Sie auf beiden Geräten auf die gleichen Lesezeichen zugreifen können.

Das kann ziemlich praktisch sein, wenn Sie unterwegs über interessante Webseiten stolpern, aber auch sehr lästig werden, wenn Sie auf dem iPhone Dutzende von Lesezeichen wiederfinden, die Sie unterwegs überhaupt nicht benötigen. Ich persönlich synce meine Lesezeichen nicht – aber wenn Sie das tun wollen, dann geht das so.

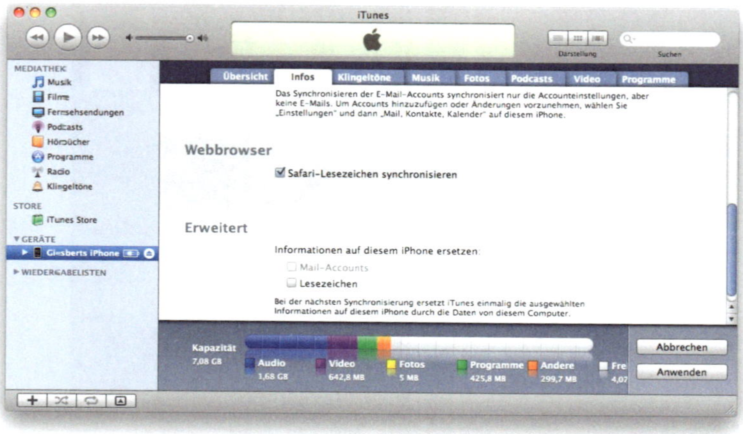

Wenn Sie möchten, können Sie Ihre Lesezeichen auf dem iPhone auch mit denen auf Ihrem Computer abgleichen. Aber das sollten Sie sich vielleicht zweimal überlegen.

Schließen Sie Ihr iPhone an Ihrem Computer an und starten Sie gegebenenfalls iTunes. Klicken Sie in der Seitenleiste unter **Geräte** auf den iPhone-Eintrag und wechseln Sie auf die Registerkarte **Infos**. Wählen Sie dort im Abschnitt **Webbrowser** den Eintrag **Lesezeichen synchronisieren** und, falls Sie mehrere Browser installiert haben, den gewünschten Browser. Anschließend klicken Sie unten rechts auf die Schaltfläche **Anwenden**.

Was man mit Safari sonst noch machen kann

Das Aufrufen von Webseiten ist sicherlich die wichtigste Funktion von Safari. Aber der Browser hat noch ein paar kleine Besonderheiten auf Lager.

Einen Link per E-Mail verschicken

Ab und an stößt man bei Reisen im Internet auf Webseiten, die man gern seinen Bekannten und Freunden empfehlen möchte. Mit Safari auf dem iPhone ist das ein Klacks, Sie können die Adresse der aktuell angezeigten Seite per E-Mail verschicken.

Damit Sie einen Link per E-Mail verschicken können, muss Mail natürlich konfiguriert sein. Damit beschäftigen wir uns weiter unten in diesem Kapitel.

Tippen Sie dafür einfach auf das Plus-Zeichen am unteren Bildschirmrand und wählen Sie aus dem Menü den Eintrag URL für Seite senden. Safari übergibt die URL an Mail, das ein neues Mailformular öffnet, bei dem Sie nur noch den Adressaten eintragen und auf **Senden** tippen müssen. Als Betreff-Zeile wird der Titel der Seite übernommen, die Webadresse wird in das Mailformular eingetragen. Natürlich bleibt es Ihnen unbenommen, noch einige erklärende Worte beizufügen.

Bilder speichern

Ab und an findet man auf Webseiten Bilder, die man gern separat speichern möchte. Das geht auch mit dem mobilen Safari und ist verblüffend einfach. Tippen Sie auf das Bild, das Sie aufheben möchten und lassen Sie Ihren Finger so lange auf dem Display, bis Safari ein Menü einblendet. Hier tippen Sie auf **Bild sichern**. Safari speichert das gewünschte Bild in den **Fotos**.

Das funktioniert allerdings nicht, wenn ein Bild gleichzeitig als Link fungiert. Hier blendet Safari dann lediglich die Adresse ein, zu der ein Tipp auf das Bild führen wird, nicht aber das Speichern-Menü.

Die Bilder werden von Safari nicht in dem Format gespeichert, in dem sie auf einer Webseite vorliegen, sondern auf jeden Fall in JPEG umkodiert. In der Regel spielt das keine große Rolle, in manchen Fällen aber führt das zu sichtbaren Einbußen bei der Bildqualität.

Telefonieren mit Safari

Eine der nützlichsten Webseiten ist *www.telefonbuch.de*. Und auf dem iPhone ist das Telefonbuch im Internet sogar doppelt nützlich, erkennt Mobile Safari doch Telefonnummern auf Webseiten und stellt sie als Link dar.

Tippen Sie auf einen solchen Nummern-Link, blendet Safari die erkannte Nummer ein und bietet Ihnen die Möglichkeit, diese Nummer aus Safari heraus anzurufen. Dazu startet Safari das Telefon, das unverzüglich die gewünschte Nummer wählt. Praktisch, nicht wahr?

Safari anpassen

Eine der möglichen Einstellungen von Safari haben Sie bereits kennen gelernt: die Festlegung der Suchmaschine Google oder Yahoo!. Doch Sie können den Browser noch weiter anpassen. Rufen Sie dafür die **Einstellungen** auf und wechseln Sie zum Punkt **Safari**.

- Hier können Sie nun festlegen, ob der Browser **JavaScript** ausführen soll (Standard: ja),
- ob **Plug-Ins**, also kleine Zusatzprogramme, mit denen die Fähigkeit von Safari erweitert werden, geladen werden sollen. Das ist in der aktuellen Version von Safari noch eher eine überflüssige Abfrage, da Safari außer mit den Plug-Ins, die Apple dem Browser mit auf den Weg gibt, nicht erweitert werden kann.
- Die Unterdrückung von **Pop-Ups** ist standardmäßig aktiviert (und sollte es auch bleiben – oder möchten Sie von nervigen Werbebannern, die sich ungefragt in den Vordergrund drängeln, belästigt werden?).
- Bei den **Cookies** haben Sie die Wahl zwischen **Nie**, **Besuchte** und **Immer**. Standard ist **Besuchte** (nämlich: die Cookies von den Seiten, die Sie aktuell

besuchen) – und auch das ist gut so und sollte so bleiben. Ganz ohne Cookies funktionieren viele Webseiten nicht. Und wenn Sie alle Cookies immer akzeptieren, laufen Sie Gefahr, dass Ihnen digitale Schnüffler untergejubelt werden. Und das wollen Sie ja nicht, oder?

- Ansonsten können Sie hier noch den **Verlauf löschen** (also die Liste aller besuchten Webseiten), die **Cookies löschen** (was ab und an eine gute Idee ist)
- und schließlich noch den **Cache löschen**. Im Cache werden die zuletzt besuchten Seiten gespeichert, was das Surfen etwas beschleunigt, aber unter Umständen auch verräterische Spuren auf dem iPhone hinterlässt.

Der letzte Punkt **Entwickler** erlaubt die Aktivierung der **Debug-Konsole**. Wenn Ihnen das nichts sagt, grämen Sie sich nicht – das ist wirklich nur für Entwickler von Webanwendungen interessant.

Das Postamt im iPhone

Das zweite wichtige Internet-Programm neben Safari ist fraglos Mail, mit dem Sie, richtig geraten!, E-Mails schreiben und empfangen können. Wie Safari ist auch Mail von derart zentraler Bedeutung, dass es seinen prominenten Platz im Dock mehr als verdient hat.

Ihr Mail-Account

Damit Sie auf Ihrem iPhone mit Mail arbeiten können, müssen Sie natürlich zuerst Ihren E-Mail-Account einrichten (bzw. Ihre E-Mail-Accounts, Mail kann schließlich mehrere Accounts verwalten). Im Deutschen wird „Account“ oftmals mit „Postfach“ ersetzt, was gelegentlich zu Verwirrung führt.

Ein Account meint beim iPhone die technischen Daten, die Ihr iPhone benötigt, um Kontakt zu einem Mailserver aufzunehmen und um Ihre Post abzuholen bzw. zu versenden, also die Adresse des Mailservers, den Typ des Servers (IMAP oder POP3), Ihre E-Mail-Adresse, Ihren Benutzernamen und Ihr Kennwort.

Ein Postfach ist dagegen ein Ordner, in dem Sie Mails ablegen, also zum Beispiel der Posteingang, der Ordner „Gesendet“, der Papierkorb und natürlich auch die Ordner, die Sie selbst angelegt haben. (Übrigens können Sie in der aktuellen Version der iPhone-Software auf dem iPhone selbst keine Ordner anlegen.)

Account-Daten automatisch übernehmen

Das geht am einfachsten und schnellsten, wenn Sie es iTunes überlassen. Das Programm synchronisiert nämlich auf Wunsch Ihren Mail-Account von Ihrem Computer auf Ihr iPhone. Dabei werden lediglich die Account-Daten übertragen (also die Servereinträge für den Empfang und Versand von E-Mail und Ihre Nutzerdaten), Ihre E-Mails, Ihre Ordnerstruktur und Ihre Posteingangsregeln und Filter bleiben auf Ihrem Computer.

Um die Account-Daten zu übertragen, schließen Sie Ihr iPhone an Ihren Computer an und wählen es unter **Geräte** in der Seitenleiste aus. Wechseln Sie auf die Registerkarte **Infos** und aktivieren Sie dort im Abschnitt **Mail-Accounts** den Punkt **Ausgewählte Mail-Accounts synchronisieren**. Anschließend wählen Sie die gewünschten Accounts aus und klicken auf **Anwenden**.

Nachdem Ihre Account-Daten auf dem iPhone sind, können Sie die Mail-Synchronisation wieder deaktivieren.

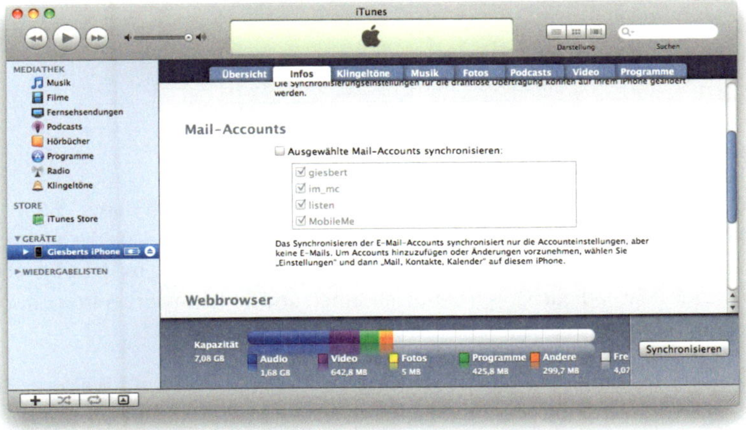

Um sich Tipparbeit auf dem iPhone zu ersparen, können Sie Ihre Account-Daten auch einfach von iTunes übertragen lassen.

Einen Account manuell anlegen

Natürlich ist es auch möglich, einen Account manuell direkt auf dem iPhone anzulegen. Rufen Sie dafür auf dem Home-Bildschirm die **Einstellungen** auf und wählen Sie **Mail, Kontakte, Kalender**. Dort sehen Sie eine Liste der bereits vorhandenen Accounts. Um einen weiteren (oder auch ersten) Account einzurichten, tippen Sie auf **Account hinzufügen**.

Einige der populären Mail-Dienste werden direkt unterstützt, alle anderen werden über **Weitere** manuell konfiguriert (links).

Das iPhone bietet Ihnen nun einige populäre Dienste an, bei denen Sie Ihren Mail-Account besonders schnell und einfach einrichten können, da die wichtigsten Informationen bereits auf dem iPhone vorhanden sind. So müssen Sie etwa für Google Mail lediglich Ihren Benutzernamen und Ihr Kennwort eintragen, den Rest übernimmt Mail.

Falls Sie einen anderen Account einrichten wollen, tippen Sie auf **Weitere**. Hier geben Sie zunächst die Grunddaten (Name, Mail-Adresse und Kennwort) ein und tippen auf **Sichern**. Anschließend werden Sie zu einem weiteren Eingabedialog weitergeleitet. Hier legen Sie den Account-Typ fest (IMAP oder POP), tragen die Serveradressen und gegebenenfalls ein Kennwort ein und tippen wieder auf **Sichern**.

Account-Daten bearbeiten

Manchmal ändern sich die Daten Ihres Mail-Accounts oder Sie entdecken einen Tippfehler, den Sie korrigieren möchten. Das ist jederzeit möglich und geht so.

Rufen Sie vom Home-Bildschirm die **Einstellungen** auf und wählen Sie **Mail, Kontakte, Kalender**. Tippen Sie auf den Account, dessen Daten Sie bearbeiten möchten und tippen Sie auf den Eintrag, dessen Daten geändert werden sollen.

Accounts ein- und ausschalten

Mail kann praktisch beliebig viele Mail-Accounts verwalten. Aber nicht immer müssen alle Mail-Accounts auch aktiv sein, ab und an gibt es Mail-Accounts, die man nur gelegentlich benötigt, um etwa bestimmte E-Mails zu empfangen oder E-Mails über einen bestimmten Server zu verschicken.

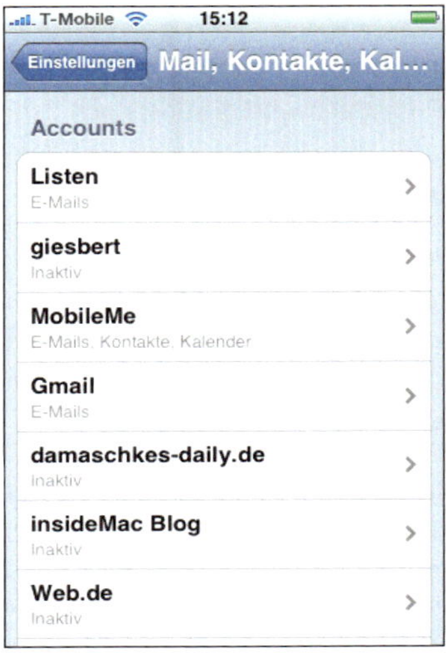

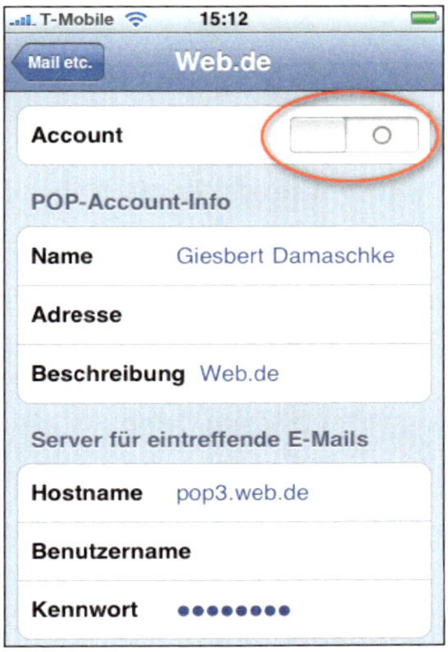

Ein inaktiver Account bleibt auf dem iPhone und kann bei Bedarf aktiviert werden, ohne dass Sie ihn neu anlegen müssten.

Auch das ist mit Mail kein Problem, hier können Sie den Account nach Belieben ein- und wieder ausschalten, ohne die einmal eingegebenen Account-Daten erneut eingeben zu müssen.

Rufen Sie vom Home-Bildschirm die **Einstellungen** auf, wählen Sie **Mail, Kontakte, Kalender** und tippen Sie auf den Account, den Sie aus- bzw. einschalten möchten. Über den Schiebeschalter **Account** können Sie ihn nun aktivieren bzw. deaktivieren.

Einen Account löschen

Wenn Sie einen Account nicht einfach nur deaktivieren, sondern vollständig von Ihrem iPhone löschen möchten, rufen Sie vom Home-Bildschirm die **Einstellungen** auf und wechseln zu **Mail, Kontakte, Kalender**. Wählen Sie mit einem Fingertipp den gewünschten Account aus und scrollen Sie bis ans Ende der Account-Daten. Hier sehen Sie eine große rote Schaltfläche **Account löschen**. Tippen Sie darauf, erscheint eine Sicherheitsabfrage. Nach erneutem Tipp auf **Account löschen** wird der Account vollständig entfernt – inklusive aller Mails, die Sie mit diesem Account auf Ihrem iPhone gespeichert haben.

POP vs. IMAP

Es gibt ganz grundlegend zwei verschiedene Arten, E-Mails zu verwalten: als IMAP oder POP. Auf vielen Computern ist POP Standard, aber auf einem mobilen Gerät hat IMAP viele Vorteile (aber auch Nachteile).

POP-Accounts

POP steht für Post Office Protocol und ist ein ehrwürdiges Protokoll, das es praktisch seit Beginn von E-Mail gibt. Bei einem POP-Postfach wird die Post nach dem Mailabruf vom Server gelöscht. Die Mail befindet sich dann nur noch auf dem Computer, von dem aus das Postfach abgefragt wurde.

Ein Beispiel: Rufen Sie mit Ihrem Computer Ihr POP-Postfach ab, dann befinden sich die neuen E-Mails auf diesem Computer. Greifen Sie danach mit Ihrem iPhone auf das Postfach zu, ist es leer. Machen Sie es umgekehrt und greifen zuerst mit dem iPhone auf Ihr POP-Postfach zu, ist die neue Mail zwar auf Ihrem iPhone, aber nicht auf Ihrem Computer (wo sie normalerweise hingehört).

Um das zu verhindern, sollten Sie vor dem ersten Mailabruf eines POP-Postfaches via iPhone unbedingt die Einstellungen überprüfen. Hier kann man festlegen, dass abgerufene Mails in Kopie auf dem Mailserver bleiben und also auch noch mit dem Computer abgerufen werden können. Das ist zwar standardmäßig der Fall, aber sicher ist sicher.

Achten Sie bei POP-Accounts darauf, dass die Mails beim Abruf nicht vom Server gelöscht werden.

Rufen Sie dafür die **Einstellungen** auf dem Home-Bildschirm auf und wählen Sie den Punkt **Mail, Kontakte, Kalender**. Wählen Sie den gewünschten POP-Account und tippen Sie dort auf den Eintrag **Erweitert**. In den **Einstellungen für eintreffende E-Mails** sehen Sie den Eintrag **Vom Server löschen**. Hier sollte **Niemals** stehen. Falls das nicht der Fall ist, ändern Sie diesen Eintrag mit einem Fingertipp.

IMAP-Accounts

Dieses Problem entfällt bei IMAP. Denn hier werden die E-Mails vollständig auf dem Server verwaltet. Wenn Sie eine E-Mail abrufen, dann schickt Ihnen der Server eine Kopie dieser Mail und markiert sie auf dem Server als „gelesen“ – aber er löscht sie nicht. Ganz gleich, ob Sie die Mail mit Ihrem Computer, Ihrem Notebook oder Ihrem iPhone abrufen – sie steht Ihnen auf allen Geräten immer zur Verfügung.

Und nicht nur das. Auch die Ordnerstruktur, in der Sie Ihre E-Mails verwalten, befindet sich auf dem Server und wird auf dem Gerät, mit dem Sie Ihre Mails abrufen, abgebildet. Verschieben Sie auf dem Computer eine Mail aus dem Posteingang in einen Ordner wie etwa „Kunden“ und greifen später mit Ihrem iPhone auf Ihre Mails zu, dann finden Sie auch dort die entsprechende Mail im Ordner „Kunden“.

Bei einem IMAP-Account können Sie Ihre Mails also unterwegs auf dem iPhone verwalten und in die passenden Ordner sortieren. Schalten Sie Ihren Computer im Büro an, ist Ihr Posteingang schon aufgeräumt. Bei einem POP-Account müssten Sie noch einmal von vorn anfangen.

Allerdings hat IMAP auch ein Sicherheitsproblem. Die Mails liegen (normalerweise) unverschlüsselt auf dem Server. Jeder, der Zugang zum Mailserver hat, hat automatisch auch Zugang zu Ihrem gesamten Mailbestand. Beim POP-Account besteht dieses Problem nur in eingeschränkter Form. Zwar liegen die Mails auch hier unverschlüsselt auf dem Server, aber anders als bei IMAP bleiben sie nicht da, sondern werden nach dem Mailabruf gelöscht.

E-Mails empfangen und lesen

Sobald ein Mail-Account auf Ihrem iPhone eingerichtet ist, können Sie jederzeit Mails empfangen und versenden.

E-Mails manuell abrufen

Der Abruf ist denkbar einfach. Tippen Sie auf das Mail-Symbol im Dock. Üblicherweise beginnt Mail sofort damit, die vorhandenen Accounts nach neuen Mails abzufragen und diese zu laden. Falls das einmal nicht passiert oder Sie sich überzeugen möchten, dass Sie auch tatsächlich auf dem aktuellen Stand sind, tippen Sie auf den Account und anschließend auf den Ordner **Eingang**. In der Statuszeile am unteren Bildschirmrand sehen Sie den Zeitpunkt, zu dem das Postfach zuletzt aktualisiert wurde. Falls Sie selbst noch einmal die Post abrufen möchten, tippen Sie auf den kreisförmigen Pfeil links.

Um eine Mail im Posteingang zu lesen, tippen Sie einfach auf den gewünschten Eintrag, die Mail wird Ihnen angezeigt.

Wenn Sie Mail beenden, ohne alle eingetroffenen neuen Mails zu lesen, zeigt das Programm durch ein kleines rotes Badge (das ist ein roter Kreis mit einer Zahl darin) an, wie viele ungelesene Mails noch auf Sie warten.

Den Mailabruf automatisieren

Natürlich können Sie Ihr iPhone auch dazu ermuntern, die Mails in regelmäßigen Abständen abzurufen. Rufen Sie dafür auf dem Home-Bildschirm die Einstellungen auf und wählen Sie **Neue Daten laden**. Hier können Sie nun im unteren Bereich einstellen, ob das iPhone **Alle 15 Minuten**, **Alle 30 Minuten** oder **Stündlich** nach neuen Mails suchen soll. Falls Sie das lieber selbst übernehmen möchten, wählen Sie **Manuell**.

Für den automatischen Mailabruf gibt es in den Einstellungen einen eigenen Eintrag.

Der obere Eintrag **Push** ist im Zusammenhang mit pushfähigen Maildiensten interessant. Das sind beim iPhone zum Beispiel Exchange-Accounts, Yahoo! und der Apple-eigene Dienst Mobile Me. Bei Push kontaktiert nicht das iPhone den Server und fragt nach neuer Post, sondern der Server kontaktiert das iPhone, sobald neue Mails eingetroffen sind. So erhalten Sie jede Mail eines pushfähigen Accounts praktisch verzögerungsfrei.

Die Mail-Anzeige anpassen

Mail gibt Ihnen in der Übersicht eine kleine, dreizeilige Vorschau auf den Inhalt der Mails. Die Mails selbst werden in einer recht kleinen Schriftgröße angezeigt, um die Bildschirmfläche möglichst optimal zu füllen.

Wenn es Ihnen nun so geht wie mir, sind diese eigentlich ganz praktischen Voreinstellungen eher lästig. Als Brillenträger habe ich mit dem Lesen kleiner Schriften mitunter Probleme und in der Übersicht genügt mir die Angabe von Absender und Betreff.

Glücklicherweise lassen sich die Voreinstellungen ganz einfach ändern. Starten Sie die **Einstellungen** auf dem Home-Bildschirm und wählen Sie **Mail, Kontakte, Kalender**. Unter den beiden Einträgen **Vorschau** und **Mindestschriftgröße** legen Sie fest, wie viele Zeilen ein Mail-Eintrag in der Übersicht belegen soll und wie groß der Text einer Mail mindestens sein muss.

Dateianhänge

Mitunter bekommt man E-Mails, die eine Datei im Gepäck haben, etwa ein PDF-Dokument oder eine Excel-Tabelle. Auch diese Dateien können Sie auf dem iPhone empfangen und lesen. Am Ende der entsprechenden Mail finden Sie kleine Symbole für diese Anhänge. Mit einem Tipp auf eines dieser Symbole öffnet das iPhone die Datei und zeigt sie Ihnen an. Das funktioniert nicht mit allen, aber den wichtigsten Dateitypen wie etwa JPG, TIFF, GIF, DOC(X), PDF, PPT(X), TXT oder XLS(X).

E-Mails senden

Natürlich möchten Sie mit Ihrem iPhone nicht nur Mails empfangen, sondern auch verschicken. Und natürlich ist das kein Problem.

Eine neue E-Mail schreiben

Um eine neue Mail zu schreiben, starten Sie Mail und tippen unten rechts auf das stilisierte Blatt Papier mit einem Stift. Es öffnet sich ein neues Mailformular, in dem Sie den Adressaten, die Betreffzeile und Ihre Nachricht eintippen. Mit einen Tipp auf **Senden** schicken Sie Ihre Mail auf die Reise.

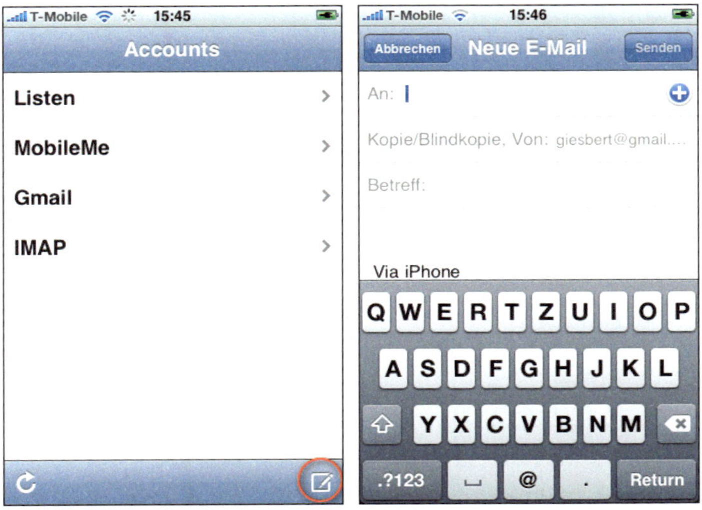

Bis zur neuen Mail sind es nur zwei Fingertipps: Mail starten, auf das Symbol rechts unten tippen und los geht's.

Den Empfänger Ihrer Mail können Sie entweder eintippen oder, was natürlich sehr viel bequemer ist, aus Ihrem Adressbuch auswählen. Tippen Sie dafür auf das blaue Plus-Zeichen rechts. Es öffnen sich Ihre Kontakte, in denen Sie den gewünschten Empfänger mit Fingertipp in Ihr Mailformular übernehmen.

Dabei ist es auch möglich, mehrere Empfänger einzutragen. Bestätigen Sie jeden Empfänger mit einen Tipp auf **Return** und geben Sie den nächsten Empfänger ein. Wählen Sie die Empfänger aus Ihrem Adressbuch aus, entfällt der Tipp auf **Return**.

In Kopie und Blindkopie

Bei einer Mail an mehrere Empfänger müssen Sie nicht alle Adressen in das **An**-Feld schreiben, sondern können sie auch in Kopie versenden. Das ist technisch völlig gleichgültig (jeder Empfänger, ganz gleich, in welchem Feld seine Adresse steht, bekommt die Mail), ist aber mitunter sinnvoll. Zum Beispiel dann, wenn Sie eine Mail vor allem an einen bestimmten Adressaten und an andere nur „zur Kenntnisnahme" schicken möchten.

Mail unterstützt auch Blindkopien. Auch diese Empfänger bekommen die Mail zugestellt – aber deren Adresse taucht bei den anderen Empfängern Ihrer Nachricht nicht auf. Sie als Absender wissen natürlich, wer die Mail bekommen hat, der Empfänger der Blindkopie weiß das auch, schließlich hat er die Mail erhalten und sieht die Einträge in den An- und Kopie-Feldern. Doch die anderen Empfänger im An- oder Kopie-Feld, die wissen das nicht, denn sie sehen nur die An- und Kopie-Einträge, nicht aber den Empfänger der Blindkopie.

Um Empfänger für eine Kopie bzw. Blindkopie einzutragen, tippen Sie auf die zweite Zeile im Adressformular, in dem in grau **Kopie/Blindkopie** steht. Das Mailformular wird um die entsprechenden Eingabefelder erweitert.

Eine Kopie an sich selbst schicken

Wenn Sie eine Mail von Ihrem iPhone verschickt haben, dann liegt diese Mail im Ordner **Gesendet**. Von dort bekommen Sie Ihre Mail allerdings nicht auf Ihren Computer. Bei einem IMAP-Account ist das kein Problem, weil die gesendeten Mails hier zentral auf dem Mailserver gespeichert werden und von jedem Computer aus zugänglich sind. Bei einem POP-Account ist das allerdings nicht der Fall, hier ist die gesendete Mail beim Empfänger und auf dem iPhone, nirgendwo sonst.

Hier bietet Ihnen das iPhone an, jede Mail, die Sie verschicken automatisch auch als Blindkopie an Sie selbst zu senden. So haben Sie Ihre mit dem iPhone verschickten Mails wenigstens als Kopie auf dem Computer.

Um diese Funktion zu aktivieren, rufen Sie auf dem Home-Bildschirm die **Einstellungen** auf und wechseln zu **Mail, Kontakte, Kalender**. Dort aktivieren Sie den Schalter **Blindkopie an mich**.

Die Signatur

Eine E-Mail-Signatur ist eine Standardformulierung, die von Mail an den Schluss Ihrer E-Mail automatisch angehängt wird. Hier können Sie etwa Ihre Kontaktdaten notieren, so dass der Empfänger nicht nur Ihre E-Mail-Adresse, sondern auch Ihre Anschrift oder Ihre Telefonnummer bekommt. Sie können hier natürlich auch ein launiges Sprüchlein mitschicken, oder die Information, dass diese Mail von Ihrem iPhone verschickt wurde.

Eine Signatur wird jeder ausgehenden E-Mail automatisch angehängt.

Um eine Signatur anzulegen, rufen Sie auf dem Home-Bildschirm die **Einstellungen** auf und wechseln zu **Mail, Kontakte, Kalender**. Dort finden Sie den Eintrag **Signatur**, der ein großzügig bemessenes Eingabefeld öffnet, in das Sie den Standardtext eingeben, der unter jeder E-Mail stehen soll.

E-Mails beantworten/weiterleiten

Eine eintreffende Mail kann von Ihnen beantwortet oder an andere Adressen weitergeleitet werden. Tippen Sie dafür bei einer geöffneten Mail auf den Pfeil links unten und wählen Sie die gewünschte Option.

Bei Antworten wird Ihre Mail nur an den Absender der Mail geschickt. Wählen Sie stattdessen **An alle,** geht Ihre Antwort zusätzlich auch an alle anderen Empfänger. (Es sei denn, die Mail wurde vom Absender auch als Blindkopie verschickt. Da Mail überhaupt nicht weiß, dass es diesen Empfänger gibt, kann es ihm auch keine Antwort schicken.)

Jede Mail kann über das Pfeil-Symbol beantwortet oder an einen anderen Empfänger weitergeleitet werden.

Absender und Standard-Account festlegen

Wie erwähnt können Sie mehrere Accounts für Mail einrichten. Sobald Sie mehr als einen Account haben, haben Sie allerdings die Qual der Wahl – welcher Account wird als Absender benutzt, wenn Sie eine neue Mail schreiben?

Bei einer Antwort auf eine Mail ist das einfach, da nimmt Mail den Account, mit dem Sie die Mail empfangen haben. Bei einer neuen Mail greift Mail auf den Account zu, in dem Sie sich aktuell befinden. Doch was soll Mail machen, wenn Sie in der Accountübersicht auf das Symbol für eine neue Mail tippen?

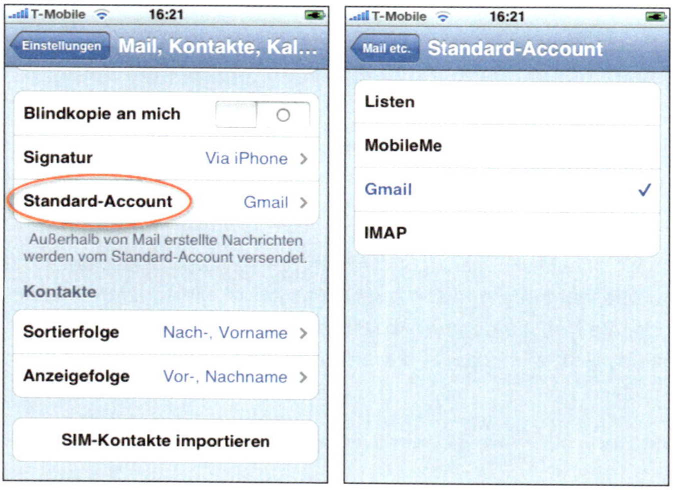

Sobald Sie mehr als einen Mail-Account eingerichtet und aktiviert haben, können Sie einen Standard-Account festlegen, der als Absender für neue E-Mails benutzt wird.

Ganz einfach, dann nimmt Mail den Account, der als Standard-Account eingetragen ist. Das ist von Haus aus der Account, den Sie zuerst angelegt haben. Doch das lässt sich natürlich ändern.

Rufen Sie dafür die **Einstellungen** vom Home-Bildschirm auf und wechseln Sie zu **Mail, Kontakte, Kalender**. Hier öffnen Sie mit dem Eintrag **Standard-Account** eine Liste aller (aktiven) Accounts auf Ihrem iPhone. Dort wählen Sie mit einem Fingertipp den gewünschten Standard-Account aus.

Es ist auch möglich, in einem Mailformular den Absender nachträglich zu ändern. Tippen Sie dafür auf die zweite Zeile im Mailformular, in dem gegraut **Kopie/Blindkopie, Von**: steht. Das Formular wird um weitere Eingabefelder erweitert. Tippen Sie nun auf den Eintrag im Feld **Account**, um ein Auswahlfeld mit den verfügbaren (aktiven) Accounts zu öffnen und wählen Sie den gewünschten Absender.

E-Mails löschen/bewegen

Nicht alle Mails, die einem so ins Postfach purzeln, möchte man tatsächlich auch haben. Da heißt es dann Abschied nehmen und weg damit. Kurz: Mails sollten ab und an auch mal gelöscht werden.

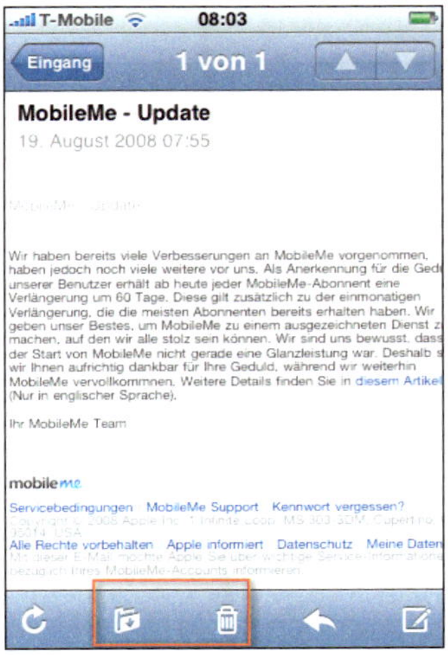

Über die beiden markierten Symbole können Sie eine Mail in einen anderen Ordner verschieben (nur bei IMAP) oder in den Papierkorb befördern.

In diesem Fall tippen Sie bei der Mailanzeige einfach auf den Papierkorb unten in der Mitte, die Mail verschwindet in einer netten Animation.

Manchmal sieht man bereits in der Übersicht im Posteingang, dass man eine Mail gar nicht erst zu lesen braucht, um zu wissen, dass man sie löschen wird. Hier genügt es, mit dem Finger über den Eintrag zu wischen (ihn also gewissermaßen durchzustreichen), um eine Schaltfläche **Löschen** einzublenden. Das ist zwar eine nette Idee, aber wirklich zuverlässig funktioniert dieses Verfahren leider nicht, da es immer wieder vorkommt, dass man eine Mail versehentlich öffnet statt sie durchzustreichen.

Falls Sie mit einem IMAP-Account arbeiten, haben Sie die Möglichkeit, E-Mails in einen anderen Ordner zu bewegen. Öffnen Sie eine Mail und tippen Sie auf das Ordner-Symbol unten links. Es öffnet sich eine Liste der vorhandenen Postfächer. Tippen Sie auf den gewünschten Ordner und die Mail hüpft (was Sie wörtlich nehmen können) da hin, wo Sie sie hinhaben wollen.

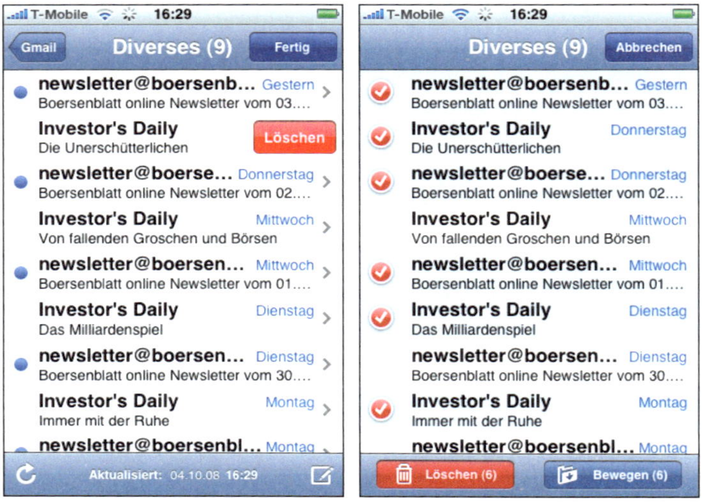

Sie können E-Mails entweder mit einem Fingerstrich einzeln löschen oder mehrere auf einmal (was zuverlässiger funktioniert als das Durchstreichen einer Mail).

Wenn Sie mehrere Mails löschen oder in ein bestimmtes Postfach verschieben möchten, ist es natürlich sehr lästig, jede Mail einzeln auswählen zu müssen. Müssen Sie auch nicht. Tippen Sie in der Übersicht im Posteingang einfach auf die Schaltfläche **Bearbeiten** oben rechts. Nun erscheinen vor jedem Eintrag in der Übersicht kleine, unausgefüllte Kreise. Tippen Sie die Einträge an, die Sie gemeinsam löschen oder verschieben möchten. Anstelle der Kreise wird ein rotes Häkchen gesetzt. Mit einem Tipp auf die rote Schaltfläche **Löschen** werden alle markierten Mails in den Papierkorb, mit **Bewegen** in einen von Ihnen festgelegten Ordner verschoben.

Töne für E-Mails

Das iPhone informiert Sie standardmäßig über den Empfang und den Versand elektronischer Nachrichten mit einem akustischen Signal. Beim Empfang piepst's, beim Versand zischt's. Das können Sie natürlich aus- und auch wieder einschalten.

Rufen Sie dafür die **Einstellungen** vom Home-Bildschirm auf und wählen Sie **Töne**. Nun können Sie über die Schiebeschalter bei **Neue E-Mail** und **E-Mail gesendet** die akustischen Hinweise ein- und ausschalten.

5

Raum und Zeit

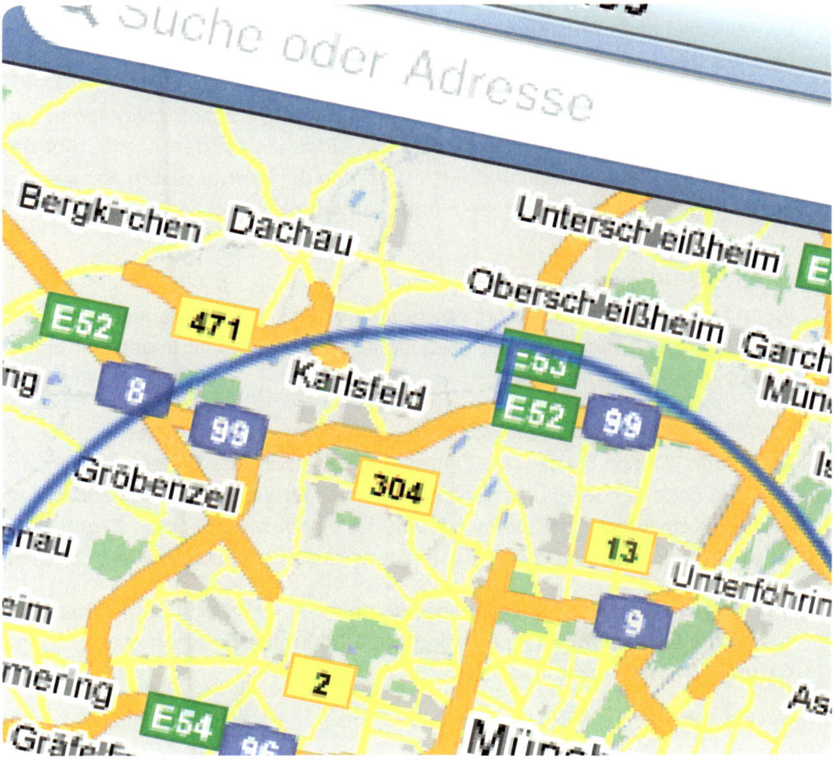

Seit ich ein iPhone habe, habe ich keine Armbanduhr mehr dabei. Wozu auch? Mein iPhone hat schließlich eine ausgefeilte Uhr, die mir nicht nur meine aktuelle Uhrzeit, sondern auch die meiner Freunde und Bekannten irgendwo auf dem Globus nennen kann. Seit ich ein iPhone habe, brauche ich auch keine Karten und Pläne mehr und verlaufe mich nie mehr in fremden Städten (und finde mich auch in meiner Heimatstadt München besser zurecht). Und seit ich ein iPhone habe, ist das Wetter viel besser geworden. Na gut, das stimmt nicht. Aber ich werden viel seltener von Regen und Unwetter überrascht als früher.

GPS und die Ortungsdienste

Dank seines eingebauten GPS-Chips weiß das iPhone jederzeit, wo Sie (oder wer immer gerade Ihr iPhone benutzt) sich befinden. Das behält das iPhone natürlich nicht für sich, sondern stellt diese Ortsinformation den installierten Programmen zur Verfügung.

Das ist eine sehr praktische Sache, denn so kann zum Beispiel **Karten** Ihnen auf Fingertipp Ihre aktuelle Position auf einer Landkarte bzw. im Stadtplan zeigen.

Doch diese Funktion kann auch lästig und unerwünscht sein. So möchte man zum Beispiel nicht unbedingt, dass die Kamera zu jedem Foto auch gleich die Position speichert, an der das Foto aufgenommen wurde.

Jedes Programm, das auf die Ortungsdienste zugreifen möchte, zeigt Ihnen diesen Wunsch beim Start in einer Anfrage an. Erlauben Sie den Zugriff, gibt das Programm in Zukunft Ruhe und nutzt förderhin die Positionsdaten. Verweigern Sie es, fragt es allerdings bei jedem Aufruf erneut nach.

Ortung zurücksetzen

Wenn Sie nicht mehr sicher sind, welchen Programmen Sie im Laufe der Zeit den Zugriff gestattet haben, können Sie alle erteilten Genehmigungen mit einem Schlag widerrufen. Das geht so.

Starten Sie die **Einstellungen** vom Home-Bildschirm aus und tippen Sie dort auf **Allgemein**. Wählen Sie hier den Eintrag **Zurücksetzen** (das ist der letzte Eintrag, ganz am Ende der Seite) und tippen Sie dort auf **Ortswarnhinweise zurücksetzen**. Nach einer Sicherheitsabfrage löscht das iPhone alle erlaubten Zugriffe und jedes Programm, das die Positionsdaten nutzen möchte, muss erneut nachfragen.

Möchten Sie die Ortung des iPhones komplett ausschalten, dann wählen Sie wieder die **Einstellungen**, tippen dort auf **Allgemein** und schalten den Eintrag **Ortungsdienste** kurzerhand aus.

Die Ortungsfunktion des iPhones kann natürlich auch deaktiviert und der erlaubte Zugriff auf die Ortungsdaten widerrufen werden.

Stadt, Land, Fluss

Eine meiner Lieblingsapplikation auf dem iPhone, die mich immer wieder begeistert, ist **Karten**. Dabei handelt es sich um eine spezielle Version von „Google Maps“, das Ihnen vielleicht von Ihrem Computer her bekannt ist. Mit Karten haben Sie jederzeit den richtigen Stadtplan und die richtige Landkarte dabei. Karten kann Ihnen genau sagen, wo Sie sich aktuell befinden, eine beliebige Adresse im Stadtplan zeigen und Ihnen natürlich auch verraten, wie Sie von einem Ort zu einem anderen kommen.

Das ist alles sehr nützlich und hilfreich, doch Karten kann noch mehr. Das Programm liefert Ihnen detaillierte Satellitenbilder von praktisch allen Orten dieser Erde. Sie wollten immer schon einmal den Eiffelturm von oben sehen? Die faszinierenden Inselbauten vor der Küste Dubais? Oder die Sphinx? Oder auch nur Ihre Wohnung? Mit Karten ist das kein Problem.

GPS und WPS

Das iPhone verfügt über einen GPS-Chip, über den es seine aktuelle Position bestimmen kann. Karten nutzt diesen Chip, um den aktuellen Standort des iPhones auf einer Straßenkarte zu zeigen. Wenn Sie einmal keinen GPS-Empfang haben sollten (etwa in einem Gebäude), dann greift Karten zum einen auf die Daten der Mobilfunkanbieter – die ja wissen, über welchen Einwahlknoten Sie derzeit verbunden sind – und auf WPS zurück.

WPS steht für „WLAN Positioning System", bei dem die Position anhand erkannter WLAN-Einwahlpunkte bestimmt wird. Jedes Netzwerkgerät und also auch jeder WLAN-Zugang besitzt zur eindeutigen Identifizierung im Netzwerk eine MAC-Adresse (was nichts mit den Computern von Apple zu tun hat, sondern die Abkürzung für „Media Access Control" ist). An dieser Adresse erkennt das iPhone zum Beispiel einen WLAN-Zugang, für den es die Zugangsdaten besitzt und bei dem es sich also automatisch einloggen kann.

Trägt man nun die MAC-Adressen erreichbarer WLANs in eine Straßenkarte ein (und das hat Google getan), dann kann man, unter Berücksichtigung der Signalstärke, diese Daten zur Positionsbestimmung nutzen.

WPS ist natürlich weit ungenauer als GPS, doch immerhin gut genug, um die eigene Position auf rund 50 Meter genau zu bestimmen, was zur Orientierung im Großstadtdschungel fast immer gut genug ist. Wie genau WPS arbeitet, hängt natürlich von der WLAN-Dichte der Umgebung ab. Auf freiem Feld funktioniert es überhaupt nicht, in der Großstadt dagegen ganz hervorragend.

Wo bin ich?

Um sich von Karten die aktuelle Position anzeigen zu lassen, starten Sie das Programm und tippen einfach auf das kleine Fadenkreuz links unten. Anschließend können Sie Karten bei der Arbeit zusehen.

In einem ersten Schritt wird die Position grob bestimmt, also etwa die Stadt, in der Sie sich aufhalten. Der blaue Kreis pulsiert und zoomt näher heran, bis er – je nach Empfangslage und benutztem System der Ortsbestimmung – fast hausnummerngenau zeigt, wo Sie sich befinden.

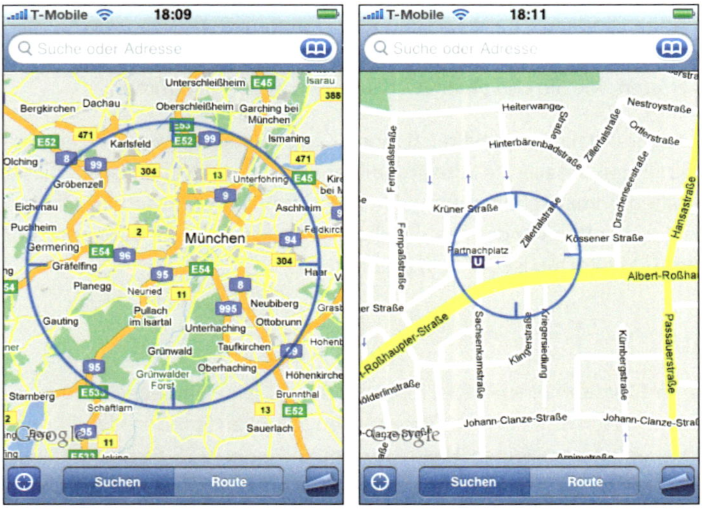

Eingekreist: Bei der Positionsbestimmung arbeitet sich das iPhone Schritt für Schritt heran.

Wenn Karten dank GPS in der Lage ist, Sie punktgenau zu lokalisieren, dann wird Ihre Position mit einer kleinen Stecknadel markiert. Andernfalls begnügt sich das Programm mit einem Fadenkreuz, das Ihre aktuelle Position mit relativer Genauigkeit anzeigt.

Möchten Sie die gezeigte Umgebung etwas genauer sehen, können Sie sich in die Karte hineinzoomen, indem Sie sie doppelt antippen oder wie gewohnt mit den Fingern aufziehen. Umgekehrt zoomen Sie wieder hinaus, indem Sie die Karte mit den Fingern zusammenziehen.

Wo ist das?

Häufig möchte man nicht nur wissen, wo man sich gerade befindet, sondern auch, wo eine bestimmte Adresse, ein Ort, eine Sehenswürdigkeit oder Ähnliches ist. Auch hier kann Karten natürlich helfen. Wechseln Sie dafür gegebenenfalls auf **Suchen**.

Geben Sie in dem Feld oben den gesuchten Ort ein. Dabei müssen Sie nicht penibelst Straße, Hausnummer, Postleitzahl und Ort eintippen, oftmals reichen schon einige Stichworte. Sollte Karten nicht sicher sein, welchen Ort Sie suchen, werden Ihnen die verschiedenen Möglichkeiten zur Präzisierung der Suchanfragen angezeigt. Sobald Karten den gewünschten Ort gefunden hat, setzt es eine kleine Stecknadel und zeigt den Namen an (diese Markierung können Sie als Lesezeichen speichern, aber dazu kommen wir später).

Bei der Suche sind Sie natürlich nicht auf Deutschland oder Europa beschränkt, sondern können sich weltweit so ziemlich jeden Ort genau anzeigen lassen.

Kein Ort, nirgends? Aber nicht doch – mit Karten finden Sie praktisch jeden Ort. Weltweit.

Wie komme ich da hin?

Mit dem Routenplaner von Karten können Sie sich den Weg von einem beliebigen Ort zu einem anderen beliebigen Ort anzeigen lassen. Auch das funktioniert nicht nur für Deutschland oder Europa, sondern weltweit. Falls Sie einmal wissen wollen, wie Sie von Chicago nach New York kommen. Sie müssen lediglich Start und Ziel Ihrer Reise eintragen und schon zeigt Ihnen Karten den Weg, mit Entfernungsangaben und voraussichtlicher Fahrzeit. Und das geht so.

Der Routenplaner von Karten bringt Sie immer und überall auf den rechten Weg.

Tippen Sie in Karten auf die Schaltfläche **Route**. Das Eingabefeld wird verdoppelt, im oberen geben Sie den Startpunkt an, im unteren das Ziel Ihrer Reise.

Standardmäßig wird als Start der **Aktuelle Ort** gewählt, so dass Sie lediglich den Endpunkt angeben müssen. Dabei ist Karten intelligent genug, um auch stichwortartige Einträge korrekt zu erkennen. Wenn Sie sich etwa in München befinden und „ostbahnhof" als Ziel eingeben, weiß Karten, dass Sie nicht den Ostbahnhof von Hamburg meinen.

Aber natürlich können Sie auch die Route zwischen zwei beliebigen Punkten berechnen lassen. Tippen Sie dafür in das obere Feld. Der Eintrag „Aktueller Ort" wird markiert. Sobald Sie anfangen zu tippen, wird der Eintrag von Ihrer Eingabe überschrieben. Durch einen Tipp auf den schlängelnden Pfeil links vertauschen Sie die Eingabe von Start und Ziel.

Nach einem Fingertipp auf **Route** berechnet Karten den richtigen Weg. Dabei wird eine Darstellung gewählt, auf der Anfangs- und Endpunkt zu sehen sind. So behält man zwar den Überblick und weiß die Lage der beiden Punkte zueinander (der Münchner Ostbahnhof liegt in südöstlicher Richtung vom Münchner Marienplatz), aber für die Reise sollte man natürlich mindestens die Straßennamen lesen können.

Kein Problem: Wie gewohnt zoomen Sie mit Ihren Fingern nahezu beliebig nah hinein, um auch die kleinste Nebenstraße und Abzweigung nicht zu übersehen.

Sie können sich von Karten den Weg auch Schritt für Schritt in Form einer Liste aller Stationen zeigen lassen.

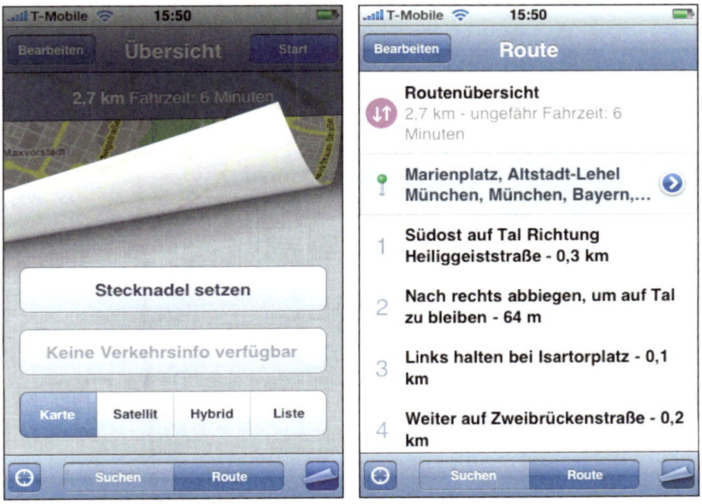

Mit einem netten „Page curl"-Effekt gibt die Karte den Zugriff auf ein weiteres Menü frei. Wählen Sie hier die Listen-Darstellung, um eine genaue Routenübersicht zu erhalten.

Tippen Sie dafür zuerst auf das kleine Symbol mit der aufgerollten Seite rechts unten. Die Karte wird ein wenig nach oben geblättert und Sie sehen ein neues Menü. Tippen Sie hier auf **Liste**. Die Kartenansicht wird durch eine genaue Wegbeschreibung in Listenform ersetzt. Tippen Sie auf einen der Listeneinträge, zeigt Ihnen das Programm die entsprechende Stelle auf der Karte.

Um zur Kartenansicht zurückzukehren, tippen Sie in der Routenübersicht auf das lilafarbene Symbol links oben mit den beiden gegenläufigen Pfeilen.

Schließlich ist es auch möglich, sich von Karten Punkt für Punkt mit einer Kartenansicht navigieren zu lassen. Tippen Sie dafür in der Kartenansicht der Route auf **Start**. Die Ansicht zoomt bis auf die einzelne Straße herunter und markiert die zu fahrende Strecke farblich.

Mit jedem Tipp auf die Pfeiltasten wird der Weg bis zum nächsten Wegpunkt auf der Karte angezeigt. Sowohl die Liste als auch die Punkt-für-Punkt-Anweisung ist etwas, was Sie vielleicht besser Ihrem Beifahrer anvertrauen sollten.

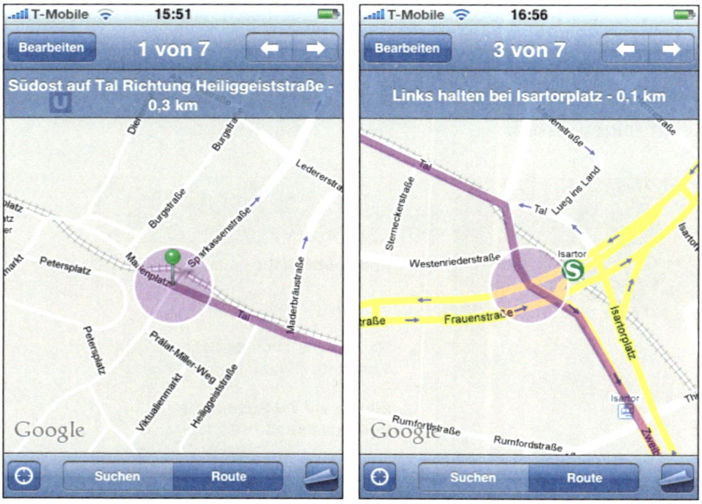

Karten verfügt auch über eine Art manuelles Navisystem. Beim Erreichen eines Punktes tippen Sie auf die Pfeiltaste nach rechts, um die Beschreibung zum nächsten Punkt zu erhalten. Bei Bedarf können Sie natürlich auch mit dem Pfeil nach links zurückblättern.

Was gibt's denn hier?

Bislang haben wir Karten nur als digitale Version der vertrauten Stadtpläne und Landkarten benutzt. Aber das Programm ist noch ein wenig intelligenter. Es kann Ihnen sagen, welche Geschäfte, Dienstleister oder Sehenswürdigkeiten sich an einem beliebigen Ort befinden.

Das iPhone kann Ihnen auch verraten, wie Sie zur nächsten Apotheke kommen. Oder welchen Dienstleister Sie auch immer in Ihrer Nähe suchen.

Nehmen wir an, Sie sind in einer fremden Stadt und suchen eine Apotheke. Für Sie als iPhone-Besitzer ist das kein Problem: Starten Sie Karten, lassen Sie sich lokalisieren, geben Sie im Suchfeld nur das Wort Apotheke ein und tippen Sie auf **Suchen**. Karten wird Ihnen die Apotheken in Ihrer Nähe zeigen.

Das ist eine sehr praktische Funktion, aber Wunder dürfen Sie natürlich nicht erhoffen. Karten kann Ihnen nur die Dienstleister und Geschäfte in Ihrer Nähe zeigen, die Google in seiner Datenbank aufgenommen hat. Und das sind zwar viele, aber durchaus nicht alle.

Wie sieht's denn da aus?

Das ist alles schon sehr erstaunlich, doch das kleine Programm kann noch mehr, nämlich Satellitenbilder von jedem beliebigen Punkt auf der Erde zeigen – und vielfach von einer ganz unglaublichen Genauigkeit. Da kann man die Menschen auf einem Platz erkennen oder die parkenden Autos auf der Straße.

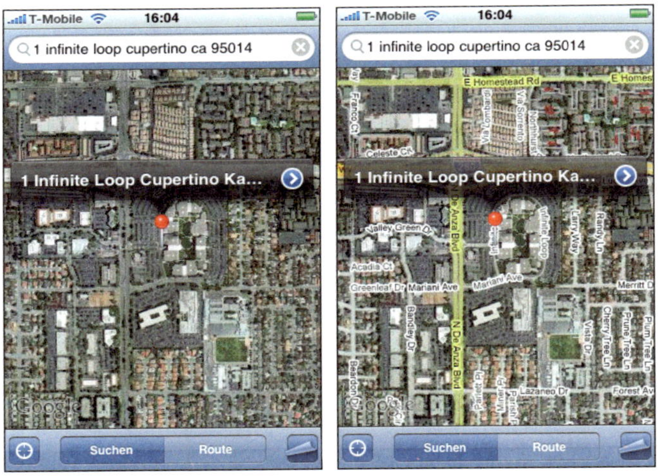

So sieht das Headquarter von Apple in Kalifornien aus, links in der reinen Satelliten-Darstellung, rechts „hybrid", also mit eingeblendeten Straßennamen. Wenn Sie den Gebäudekomplex etwas genauer ins Auge fassen möchten, zoomen Sie sich einfach mit den Fingern weiter in das Foto hinein.

Stecknadeln und Lesezeichen

Wie bei einer richtigen Landkarte kann man auch bei Karten eine bestimmte Position mit einer Stecknadel markieren. Das geht am einfachsten, wenn Sie eine Stelle über die Suchfunktion lokalisiert haben.

Suchen Sie beispielsweise einmal nach „Kölner Dom". Nach kurzer Zeit sehen Sie einen Ausschnitt des Kölner Stadtplans und eine Stecknadel, deren Position mit der Adresse „Alstadt-Nord 50667 Köln" beschriftet ist. Tippen Sie nun auf den blauen Pfeil in der Beschriftung.

Sie können eine Routenplanung zum Kölner Dom vornehmen oder die Adresse in Ihre Kontakte übernehmen. Uns interessiert hier allerdings nur die Lesezeichen-Funktion. Damit wird die Position des Kölner Doms dauerhaft gespeichert und kann jederzeit mit wenigen Fingertipps wieder angesteuert werden, ohne dass Sie erneut danach suchen müssen.

Tippen Sie also auf **Zu Lesezeichen hinzufügen**. Löschen Sie mit einem Tipp auf das **x** die bisherige Beschriftung und ändern Sie sie in „Kölner Dom". Mit **Sichern** wird das Lesezeichen gespeichert.

Nicht immer möchte man, dass eine Stecknadel an einer exakten Adresse gesetzt wird, sondern die Markierung freihändig eintragen. In diesem Fall tippen Sie auf das Symbol rechts unten, um Zugriff auf das Karten-Menü zu bekommen, und wählen **Stecknadel setzen**.

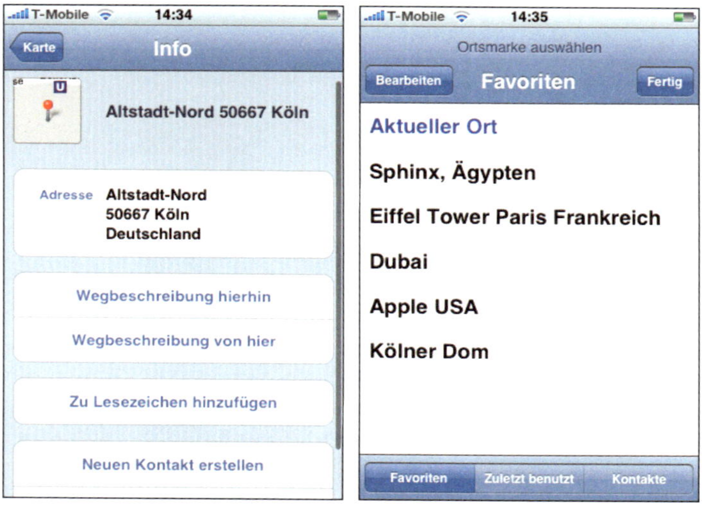

Über die Lesezeichen-Funktion können Sie interessante Punkte jederzeit ohne große Suche wieder anspringen.

Karten platziert nun eine Stecknadel in die Mitte des Bildschirms mit der Notiz **Stecknadel bewegen**. Und genau das können Sie nun auch tun – schieben Sie die Nadel mit dem Finger an die gewünschte Position. Dabei verschwindet die Notiz, die Sie aber mit einem Tipp auf die Nadel wieder einblenden können. Über den blauen Pfeil rechts in der Notiz wechseln Sie in das Info-Menü, wo Sie die Stecknadel **Zu den Lesezeichen hinzufügen** oder auch wieder entfernen können.

Über die Lesezeichen (die bei Karten auch als Ortsmarken oder Favoriten bezeichnet werden) sind nicht nur die von Ihnen gesetzten Stecknadeln zu erreichen, sondern auch die Adressen Ihrer Kontakte.

Um ein Lesezeichen aufzurufen, tippen Sie im Eingabefeld von Karten auf das blaue Buchsymbol rechts und wählen im Menü den gewünschten Eintrag.

Falls bereits ein Text im Eingabefeld steht, wird das Buchsymbol nicht angezeigt. In diesem Fall tippen Sie zuerst auf das x, um den Inhalt des Feldes zu löschen.

Die Reihenfolge der Lesezeichen lässt sich über die Schaltfläche **Bearbeiten** ändern. Verschieben Sie die Lesezeichen mit den Griffmarkierungen rechts. Tippen Sie auf den Eintrag, können Sie den Namen des Lesezeichens verändern. Über das rote Minuszeichen am linken Rand lässt sich ein Eintrag schließlich auch wieder löschen.

Wem die Stunde schlägt …

Mit der Uhr des iPhones wissen Sie nicht nur, wie spät es ist, sondern haben immer und überall die Weltzeit im Griff, einen wackeren Wecker zur Hand, eine Stoppuhr parat und besitzen einen Timer, mit dem Sie Ihr iPhone auch gleich als Eieruhr einsetzen können.

Die Uhr stellen

Damit die Uhr im iPhone auch korrekt funktioniert, müssen Sie sie wie jede Uhr zuerst auf die aktuelle Uhrzeit einstellen. Das erledigen Sie in den **Einstellungen**. Wechseln Sie dort in den Bereich **Allgemein**, scrollen Sie ein Stückchen herunter und tippen Sie auf **Datum & Uhrzeit**.

Datum und Uhrzeit legen Sie einmal in den Einstellungen fest und müssen sich dann erst wieder darum kümmern, wenn Sie Ihre Zeitzone verlassen.

Hier können Sie einstellen, ob Sie eine **24-Stunden**-Anzeige haben möchten oder nicht und in welcher **Zeitzone** Sie sich aufhalten. Anschließend tippen Sie auf **Datum & Uhrzeit einstellen**. Dort tippen Sie auf das angezeigte Datum bzw. die angezeigte Uhrzeit und drehen die Stellräder, bis die Anzeige den gewünschten Wert zeigt.

Die Weltuhr

Ob bei sportlichen Großveranstaltungen in fernen Ländern, Urlaubsfreunden oder Geschäftskunden in Übersee – es gibt viele Gründe, warum man wissen möchte, wie spät es gerade in San Francisco in den USA, Halifax in Kanada oder Auckland in Neuseeland ist.

Hier hilft Ihnen die Weltuhr weiter. Und zwar so: Tippen Sie auf **Uhr** und wählen Sie am unteren Bildschirmrand den Punkt **Weltuhr** (falls der nicht ohnehin aktiv ist).

Standardmäßig sehen Sie einen Eintrag für Berlin. Um einen neuen Ort einzutragen, tippen Sie auf das **Plus**-Zeichen oben rechts und tippen die ersten Buchstaben der gewünschten Stadt ein. Es wird automatisch eine Liste möglicher Orte eingeblendet, aus der Sie sich den gewünschten Ort mit einem Fingertipp auswählen. Anschließend gelangen Sie wieder zur Übersichtsseite und die gewünschte Uhr wird angezeigt.

Können Sie jetzt Ihre fernen Bekannten anrufen – oder werfen Sie sie aus dem Bett? Die Weltuhr verrät es Ihnen. Nach einem Tipp auf **Bearbeiten** können Sie die Uhren verschieben oder gleich ganz löschen.

Um die Reihenfolge der verschiedenen Uhren zu ändern oder um einen Eintrag zu löschen, tippen Sie auf **Bearbeiten** oben links. Mit dem roten **Minus**-Zeichen links entfernen Sie einen Eintrag, über die Griffmarkierung rechts lassen sich die Einträge verschieben.

Der Wecker

Aufgewacht und aufgestanden! Mit dem iPhone kein Problem – das heißt, das mit dem Aufstehen vielleicht doch, das hängt von Ihnen ab. Aber für das Aufwachen kann das iPhone schon geradestehen, bietet es doch einen Wecker mit geduldiger Schlummerfunktion. Und nicht nur das – Sie können beliebig viele Wecker einrichten und das iPhone nicht nur als Morgengruß, sondern als Erinnerung für Termine und Aufgaben aller Art einsetzen. Und das geht so.

Starten Sie das Programm Uhr und wechseln Sie zum Register **Wecker**. Über das **Plus**-Zeichen fügen Sie neue Wecker hinzu.

Beim ersten Aufruf ist die Wecker-Funktion der Uhr noch leer. Aber das lässt sich mit einem Fingertipp auf das Pluszeichen ruck, zuck ändern. Bei einem Wecker kann man nicht nur die Zeit einstellen, sondern auch Wiederholungen, Wecker-Ton, Schlummer-Modus und eine ausführliche Beschreibung eintragen.

Möchten Sie sich einfach nur an einen Termin am gleichen Tag erinnern lassen, also etwa an ein Abteilungs-Meeting oder den Beginn eines Fußballspiels, dann ist die Sache einfach: Stellen Sie die gewünschte Uhrzeit ein, zu der das iPhone Sie erinnern soll und tippen Sie auf **Sichern**. Fertig.

Sobald ein Wecker aktiv ist, erscheint oben rechts in der Statusleiste des Bildschirms ein kleines Uhren-Symbol.

Natürlich können Sie diesen Wecker individuell anpassen. Über den Punkt **Ton** wählen Sie, richtig geraten, die Melodie, mit der Sie das iPhone wecken bzw. erinnern soll.

Mit dem **Schlummern**-Schalter legen Sie fest, ob die entsprechende Funktion aktiviert sein soll. Wenn Sie sich dafür entscheiden, dann können Sie eine Erinnerung des iPhones über eine **Schlummern**-Schaltfläche abbrechen und werden zehn Minuten später erneut geweckt oder erinnert.

Mit **Beschreibung** geben Sie dem Wecker einen Namen („Aufstehen!“) oder auch gleich eine ausführliche Beschreibung („Meeting mit Müller, Unterlagen nicht vergessen!“). Solange Sie das iPhone nur als morgendlichen Wecker benutzen, mag dieser Punkt nicht weiter wichtig sein, doch sobald Sie zwei, drei oder sogar mehr Erinnerungsstützen einstellen, ist es ganz ungemein praktisch, dass Ihr iPhone Sie nicht nur an etwas, sondern an etwas Bestimmtes erinnert.

Für der Beschreibung des Weckers steht zwar nur ein einzeiliges Eingabefeld zur Verfügung, aber das sollte Sie nicht daran hindern, auch einen ausführlichen Text als Gedächtnisstütze zu benutzen, wenn Ihnen danach ist.

Über den Punkt **Wiederholen** schließlich definieren Sie, ob Sie das iPhone an bestimmten Tagen (oder auch allen) zur gleichen Zeit wecken/erinnern soll. So können Sie etwa für den morgendlichen Wecker jeden Tag von Montag bis Freitag antippen und eine zweiten Wecker für Samstag und Sonntag anlegen. Das iPhone ist übrigens schlau genug, um diese Einstellung mit „An Werktagen“ und „An Wochenenden“ zu übersetzen.

Um einen gespeicherten Wecker zu löschen oder zu bearbeiten, tippen Sie links oben auf **Bearbeiten**. Mit einem Fingertipp auf das rote Minus-Zeichen wird der Eintrag gelöscht, über den Pfeil rechts kommen Sie zu den Details des Weckers, den Sie bearbeiten möchten.

Die Stoppuhr

Für meinen morgendlichen Weg zur U-Bahn brauche in der Regel zwischen fünf und sieben Minuten. Woher ich das weiß? Na, von der **Stoppuhr** im iPhone natürlich. Woher denn sonst?

Deren Einsatz ist denkbar einfach: Mit **Starten** geht’s los, mit **Stoppen** hört’s auf. Möchten Sie die Zwischenzeiten messen, tippen Sie zwischendurch auf **Runde**.

Dabei wird allerdings keine Gesamtzeit gespeichert. Und mit **Löschen** setzen Sie alles wieder auf Anfang.

Sie wollten doch bestimmt immer schon einmal wissen, wie lange Sie eigentlich für diese oder jene Tätigkeit brauchen, oder? Die Stoppuhr verrät es Ihnen. (Falls Sie nicht gerade den nächsten 100-Meter-Lauf stoppen müssen.)

Der Timer

Schließlich bietet Ihnen die Uhr auch noch einen Timer, der gewissermaßen eine verkehrt herum laufende Stoppuhr ist. Mit einer Stoppuhr messen Sie ein Zeitintervall, dessen Länge Ihnen zu Beginn noch nicht bekannt ist, mit einem Timer zählen Sie dagegen von einer vorgegebenen Zeit im Sekundentakt auf Null herunter.

Vier Minuten und keine Sekunde länger: Der **Timer** macht das iPhone zur Eieruhr, also wenn Sie wollen: zum Eiphon (damit der Kalauer hier auch mal gemacht wird). Nach Ablauf der Frist ertönt die von Ihnen gewählte Melodie und es wird eine Schaltfläche eingeblendet.

Möchten Sie etwa, nachdem Sie vom iPhone am Morgen geweckt wurden, dass Ihr Vierminuten-Ei auch tatsächlich nur vier Minuten kocht, dann starten Sie das Programm Uhr, wechseln zum **Timer**, stellen ihn auf **0 Stunden 04 Minuten** und tippen auf **Starten**.

Das iPhone beginnt nun einen Vier-Minuten-Countdown und meldet sich am Schluss mit der Musik, die Sie unter **Timer-Ende** eingestellt haben.

Der Timer kann mehr, als nur eine Eieruhr ersetzen. Wählen Sie als Aktion beim **Timer-Ende** nicht eine Melodie, sondern den Eintrag **iPod-Ruhezustand**, dann können Sie Ihr iPhone auch als Einschlafhilfe benutzen. Starten Sie dafür auf dem iPod des iPhones (mit dem wir uns im nächsten Kapitel beschäftigen) Ihre Schlummermusik, stellen Sie den **Timer** auf sagen wir 30 Minuten und wählen Sie **Timer-Ende > iPod-Ruhezustand**. Nun können Sie bei sanfter Musik einschlafen und doch sicher sein, dass nicht die ganze Nacht über Ihr iPhone mit ungehörter Musik den Akku leer saugt.

Das Wetter

Wenn der Hahn kräht auf dem Mist, ändert sich das Wetter – oder es bleibt wie es ist: Diese alte Bauernregel hat zwar den Vorteil, dass sie immer stimmt, aber dafür taugt sie auch nicht viel. Ob es ratsam ist, einen Regenschirm einzupacken oder ob an Ihrem Urlaubsort die Sonne scheint, kann das handliche Sprichwort Ihnen leider nicht verraten. Doch Sie haben ja ein iPhone. Das kann zwar auch nicht hellsehen, aber es bietet das kleinen Programm Wetter. Und das holt sich die aktuellen Wetterdaten und -prognosen aus dem Internet.

Orte eintragen

Der Einsatz von **Wetter** ist denkbar einfach und ähnelt Aktien aus dem zweiten Kapitel (kein Wunder, es stammt wie dieses ebenfalls von Yahoo!).

Beim ersten Start zeigt das Programm die aktuellen Wetterdaten von Berlin, Frankfurt a. M. und München. Das ist schön und gut, wenn Sie sich für das Wetter in diesen drei Städten interessieren, aber für alle anderen vielleicht nicht so spannend. Das macht aber nichts, denn das lässt sich sehr leicht ändern.

Tippen Sie zuerst auf das kleine **i** unten rechts. Nun erscheint ein Dialog, in dem Sie den gewünschten Ort festlegen können. Tippen Sie dafür auf das **Plus**-Zeichen links oben. Um den gewünschten Ort einzutragen, geben Sie den Städtenamen oder auch nur die Postleitzahl ein. Das iPhone fragt daraufhin den Wetterserver nach den gewünschten Daten ab und einen Fingertipp später ist der gewünschte Ort eingetragen.

Bei der Ortseingabe ist das Wetter-Programmchen sehr flexibel und akzeptiert nicht nur Ortsnamen, sondern auch Länder und Postleitzahlen.

Das Wetter an verschiedenen Orten

Besonders reizvoll wird das Programm, wenn Sie sich nicht nur für das Wetter an einem, sondern an verschiedenen Orten interessieren; etwa, weil Sie demnächst eine Reise planen oder weil Sie wissen möchten, ob Ihre Bekannten am Ende der Welt immer noch Dauerregen haben. Schließlich kann Wetter die Daten von beliebig vielen Städten abrufen und anzeigen. Wechseln Sie über das kleine **i** rechts unten einfach in den Bearbeitungs-Modus und fügen Sie über das **Plus**-Zeichen so viele Städte hinzu, wie Sie möchten.

Nachdem Sie zur Wetteranzeige zurückgekehrt sind, können Sie durch die Vorhersagen der verschiedenen Städte blättern, indem Sie mit dem Finger einmal quer über das Display reiben und so die Anzeige nach links bzw. nach rechts hinausschieben.

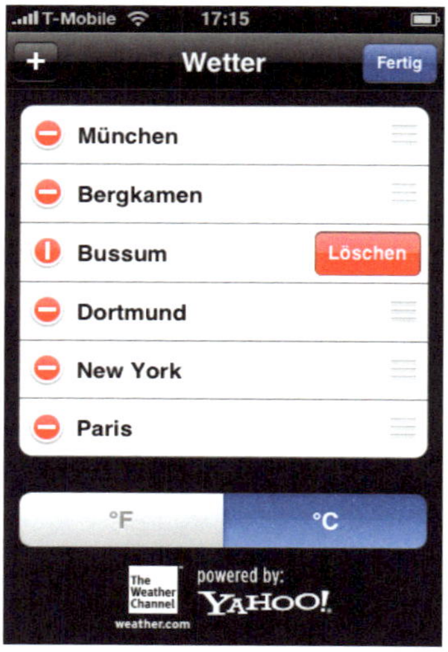

Um einen Ort aus der Liste zu löschen, tippen Sie im Bearbeitungs-Modus auf das rote **Minus**-Zeichen und anschließend auf die Schaltfläche **Löschen**. Um die Reihenfolge der Orte zu verändern, ziehen Sie die Einträge mit der Griffmarkierung rechts an die gewünschte Position.

Wie beim Aktien-Programm bringt Sie auch bei Wetter ein Fingertipp auf das **Y!**-Symbol links zur Suchmaschine Yahoo!, wo automatisch Informationen zur aktuellen Stadt angezeigt werden.

6

Da steckt Musik drin!

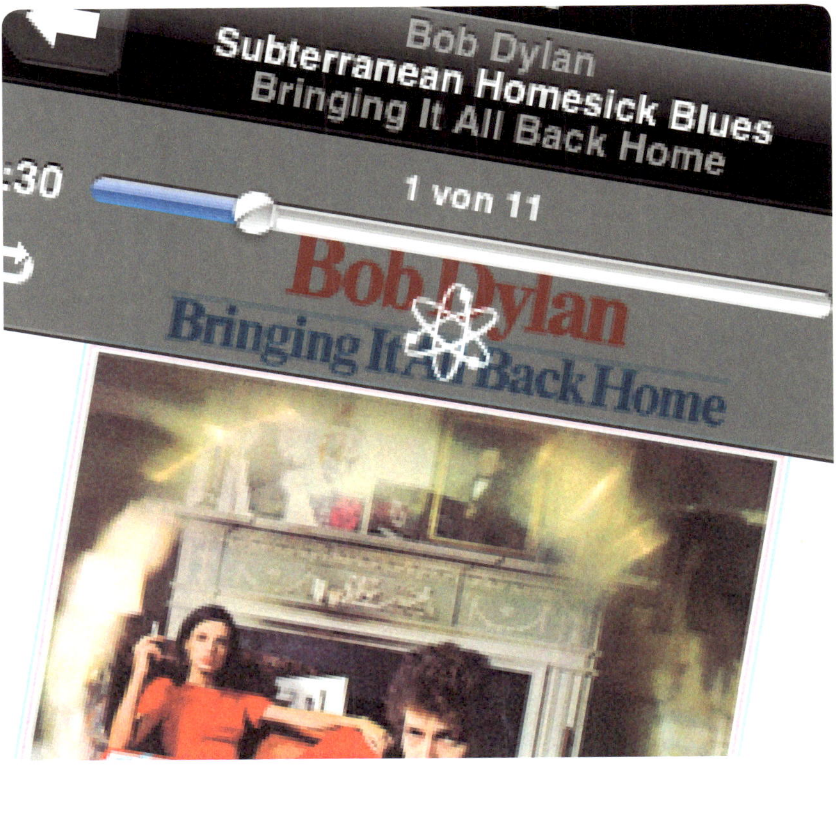

Das vielleicht erfolgreichste Produkt, das Apple überhaupt auf den Mark gebracht hat und mit dessen Namen das Unternehmen wohl am häufigsten assoziiert wird, ist der iPod. Dieser Medienplayer ist so erfolgreich, dass Apple es natürlich nicht versäumt hat, auch dem iPhone einen iPod mit auf den Weg zu geben. Und was für einen!

Eine (sehr) kurze Vorstellung von iTunes 8

Bevor Sie auf dem iPhone Musik hören oder Filme sehen können, müssen Sie diese Inhalte natürlich zuerst einmal auf Ihr iPhone kopieren. Dazu dient das (kostenlose) Programm iTunes. Doch das verschiebt nur die Frage – wie bekommen Sie Inhalte nach iTunes?

Musik und Videos in iTunes importieren

Dazu gibt es verschiedene Methoden. Sie können zum einen Ihre bereits vorhandene digitale Musik von Ihrer Festplatte in iTunes importieren. Sie können auch Ihre CD-Sammlung Stück für Stück an iTunes verfüttern. Und schließlich können Sie noch Inhalte aus dem iTunes Store kaufen.

Bereits vorhandene Musikdateien lassen sich problemlos in iTunes importieren.

Vorhandene Inhalte importieren

Vielfach liegen bereits Musik- und Videodateien auf der Festplatte des Computers vor, wenn iTunes installiert wird. Um diese Inhalte in iTunes verwalten zu können, müssen Sie sie in iTunes importieren. Dazu rufen Sie den Menüpunkt **Ablage > Zur Mediathek hinzufügen** (Mac) bzw. **Datei > Zur Mediathek hinzufügen** (Windows) auf. Anschließend wählen Sie die zu importierende Datei oder das zu importierende Verzeichnis und klicken auf **Öffnen**. iTunes beginnt nun damit, alle verfügbaren Inhalte zu importieren.

Inhalte importieren, ohne sie zu kopieren

Normalerweise kopiert iTunes beim Importieren alle Inhalte in seine Mediathek. Anschließend liegen die Dateien doppelt vor: in der Mediathek und in dem Verzeichnis, das importiert wurde. Dieses Verzeichnis kann also nun gelöscht werden. Wenn Sie das nicht möchten, sondern Ihre Musik lieber in eigenen Verzeichnissen verwalten, dann müssen Sie iTunes anweisen, lediglich einen Verweis auf die Dateien zu speichern, nicht diese selbst.

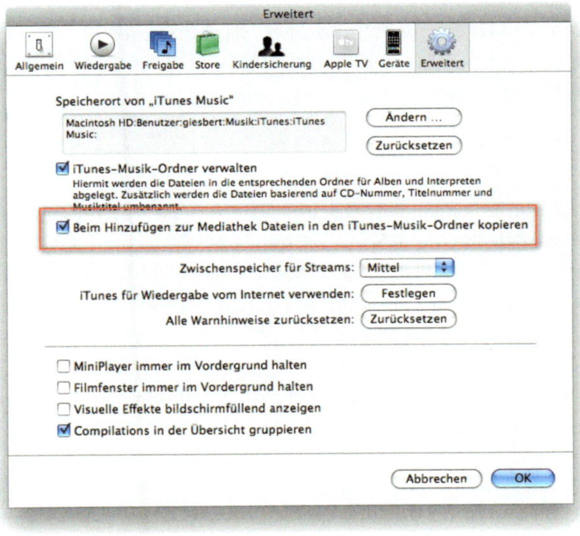

Normalerweise kopiert iTunes alle importierten Daten in seine Mediathek. Wenn Sie das nicht möchten, können Sie iTunes auch anweisen, lediglich Verweise zu speichern.

Dazu wählen Sie unter Mac OS X den Menüpunkt **iTunes > Einstellungen** und wechseln auf die Registerkarte **Erweitert**. Hier deaktivieren Sie den Punkt **Beim Hinzufügen zur Mediathek Dateien in den iTunes-Musik-Ordner kopieren**.

Unter Windows geht das über den Menüpunkt **Bearbeiten > Einstellungen**. Auch hier finden Sie die entsprechende Option auf der Registerkarte **Erweitert**.

Musik-CDs importieren

Um Ihre Musiksammlung auf CD nach iTunes zu kopieren, müssen Sie nicht mehr tun, als einfach eine CD einzulegen. Sowohl unter Windows als auch Mac OS X startet iTunes automatisch und fragt, ob Sie die CD importieren möchten. Nach wenigen Mausklicks beginnt iTunes mit dem Import und fügt die Daten seiner Mediathek hinzu.

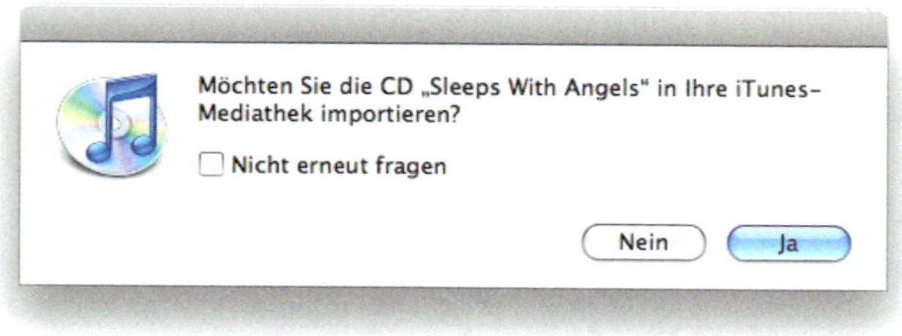

Ihre Musik-CDs werden von iTunes beim Einlegen der CD automatisch erkannt und können sofort importiert werden.

Video-DVDs werden von iTunes nicht importiert. Hier benötigen Sie speziel-le Programme. Achten Sie darauf, dass Sie die meisten DVDs nicht kopieren dürfen und ein Import in iTunes als Kopie ausgelegt werden kann.

Importqualität festlegen

Je besser die Samplingrate eines von CD importierten Songs, desto besser die Klangqualität – aber desto mehr Speicher benötigt die Datei auch auf der Festplatte. Bei modernen Festplattenkapazitäten ist das normalerweise kein Problem, aber beim iPhone ist der Speicher auf 8 bzw. 16 GB begrenzt. Dieser Speicher steht nicht vollständig für Musik zur Verfügung, sondern ist der Gesamtspeicher des iPhones, in dem auch das Betriebssystem, Ihre persönlichen Daten wie Adressen, Notizen oder Kalender und natürlich auch die von Ihnen installierten Programme passen müssen.

Da ist es vielleicht eine gute Idee, beim Import von Musik-CDs ein wenig auf den Dateiumfang zu achten und unter Umständen die Importqualität ein wenig herabzusetzen. Am besten probieren Sie einfach verschiedene Einstellungen aus.

Wählen Sie dafür in iTunes **Bearbeiten > Einstellungen** (Windows) bzw. **iTunes > Einstellungen** (Mac). Auf der Registerkarte **Allgemein** können Sie nun über Importeinstellungen die Qualität, den Dateityp und die Datenrate festlegen. Standardmäßig importiert iTunes mit AAC und 128 kBit/s, doch das lässt sich hier ändern.

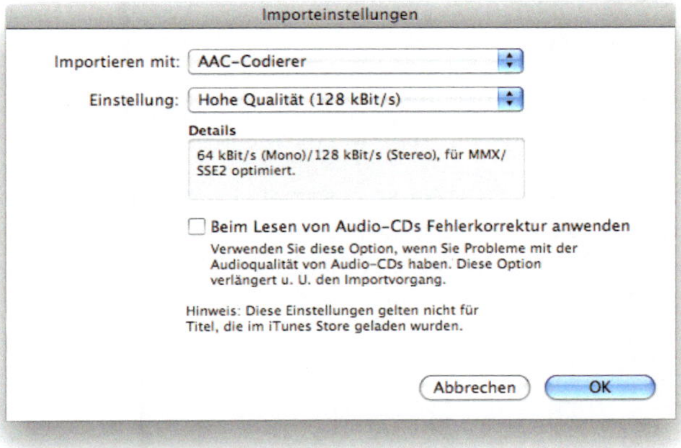

Das Standard-Format für iTunes ist AAC mit 128 kBit/s, aber das lässt sich natürlich auch ändern.

Musik und Videos kaufen

Mit dem iTunes Store betreibt Apple das mit Abstand größte und führende Angebot an digitaler Musik und Videos im Internet. Sie können dieses schier unerschöpfliche Kaufhaus über den Punkt **iTunes Store** links in der Seitenleiste betreten.

Über die Kategorien im linken Menükasten und das Suchfeld oben rechts können Sie sich schnell orientieren und finden in der Regel sehr rasch das, was Sie suchen.

Alle Songs und Videos landen zuerst im Einkaufswagen und werden erst nach einer erneuten Bestätigung gekauft.

Wiedergabelisten in iTunes

iTunes bildet üblicherweise die importierten CDs nach. Musik wird nach Interpreten und Alben sortiert, die Songs werden in der Reihenfolge gespeichert, in der sie auf der CD vorhanden sind.

Doch das muss natürlich nicht sein. Mit einer Wiedergabeliste können Sie problemlos verschiedene Songs beliebiger CDs bunt durcheinandermischen und nach eigenem Gusto anordnen. Das funktioniert auf denkbar einfachste Weise.

Eine Wiedergabeliste anlegen

Klicken Sie in der iTunes-Seitenleiste unten links auf das dicke Plus-Zeichen. iTunes legt daraufhin eine **Neue Wiedergabeliste** an, die Sie am besten gleich passend umbenennen (etwa: Party, Autofahrt oder wie auch immer).

Nun klicken Sie in der Seitenleiste auf den Punkt Musik und suchen sich alle Songs zusammen, die Sie der Liste hinzufügen möchten. Ziehen Sie den entsprechenden Song einfach auf die Wiedergabeliste und lassen Sie ihn dort fallen. Er wird automatisch der Liste hinzugefügt.

Wenn Sie die Liste ein wenig aufräumen oder neu ordnen möchten, klicken Sie sie an und ändern die Reihenfolge der Songs mit der Maus.

Um einen Song aus der Wiedergabeliste zu entfernen, klicken Sie ihn an und löschen ihn. Es folgt eine Sicherheitsabfrage, die Sie bejahen. Keine Sorge, der Song wird lediglich aus der Liste gelöscht, nicht aus der Mediathek und kann jederzeit mit Drag & Drop wieder hinzugefügt werden.

Probieren Sie's einfach aus.

Die Genius-Listen

Mit iTunes 8 hat Apple die so genannte Genius-Funktion eingeführt. Damit ist iTunes in der Lage, automatisch in sich stimmige Wiedergabelisten zusammenzustellen. Ihre Mediathek muss dafür natürlich über eine entsprechende Auswahl verfügen, bei nur einer Handvoll Songs funktioniert Genius nicht, aber bei umfangreicheren Sammlungen ist es dafür um so erfolgreicher.

Dazu muss man lediglich den ersten Song der Liste wählen und anschließend auf das Genius-Symbol unten rechts klicken. Die so erzeugten Listen lassen sich natürlich noch manuell verändern und schließlich als Wiedergabeliste speichern. Außerdem bietet iTunes Ihnen passende Musik aus dem iTunes Store zum Kauf an. (Wollte man nörgeln, könnte man sagen, Genius diene nur der Umsatzsteigerung im iTunes Store. Das ist nicht ganz verkehrt – aber es zwingt Sie ja niemand, etwas zu kaufen.)

Damit Sie diese Funktion nutzen können, müssen Sie sie allerdings zuerst aktivieren. Dabei analysiert Genius Ihren Medienbestand, Statistiken, Bewertungen und ähnliche Daten und schickt diese Informationen – natürlich anonymisiert – via Internet an Apple. Dort werden die Daten einem riesigen Datenpool mit den Informationen von Millionen anderer iTunes-Nutzer weltweit hinzugefügt. Auf der Analyse dieses Datenpools basieren die Empfehlungen der Genius-Funktion.

Apple versichert, dass in diesem Prozess keine individuellen Daten erhoben oder gar weitergegeben werden. Es geht, so Apple, ausschließlich um statistische, anonymisierte Angaben, um automatisierte Listen zusammenpassender Songs erstellen zu können. Ich wüsste nicht, warum man Apple hier nicht vertrauen sollte – aber das muss ja nichts heißen. Wenn Sie der Versicherung von Apple nicht glauben, lassen Sie Genius-Funktion einfach deaktiviert. Sie verpassen dann zwar ein wirklich cooles Feature von iTunes, aber das Programm bleibt natürlich voll einsatzfähig.

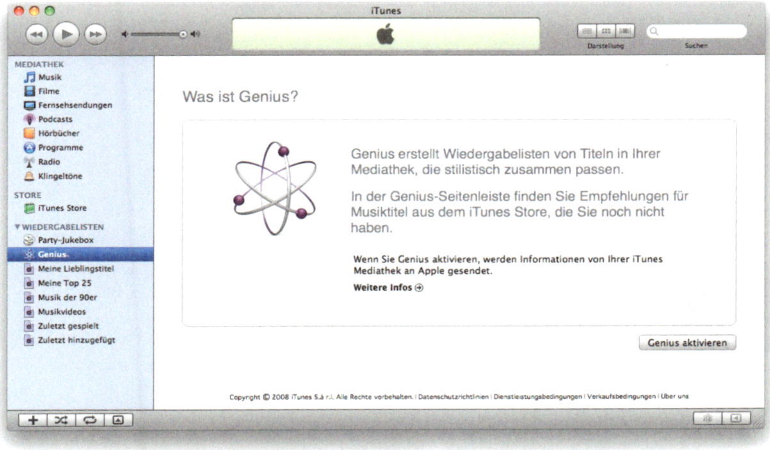

Bevor Sie die Genius-Funktion einsetzen können, müssen Sie sie zuerst aktivieren.

iTunes auf dem iPhone

Auch auf dem iPhone finden Sie ein iTunes-Symbol. Dabei handelt es sich allerdings lediglich um einen Teil, nämlich den mobilen Zugang zum iTunes Store. Über dieses Programm erhalten Sie unterwegs Zugang zu Apples Musik- und Video-Kaufhaus und können Musik bzw. Filme direkt auf Ihr iPhone laden. Sobald Sie Ihr iPhone wieder mit dem Computer synchronisieren, werden diese Käufe automatisch der Mediathek von iTunes hinzugefügt.

Da Musik und Filme normalerweise sehr umfangreiche Dateien sind, funktioniert der Online-Zugriff auf den iTunes Store via iPhone lediglich dann, wenn Sie sich in einem WLAN befinden.

Die Navigation im iTunes Store wird über die vier Symbole am unteren Bildschirmrand gesteuert. Wenn Sie ein wenig im Store stöbern wollen, wählen Sie **Highlights**, die wiederum in **Neuheiten**, **Topaktuell** und **Stilrichtungen** (Genres) unterteilt sind. Über den Punkt Chartlisten können Sie sich über die derzeit erfolgreichsten Titel bzw. Alben im iTunes Store informieren.

Wissen Sie dagegen, was Sie haben möchten, dann tippen Sie auf **Suchen** und geben Künstler, Album oder Songtitel ein.

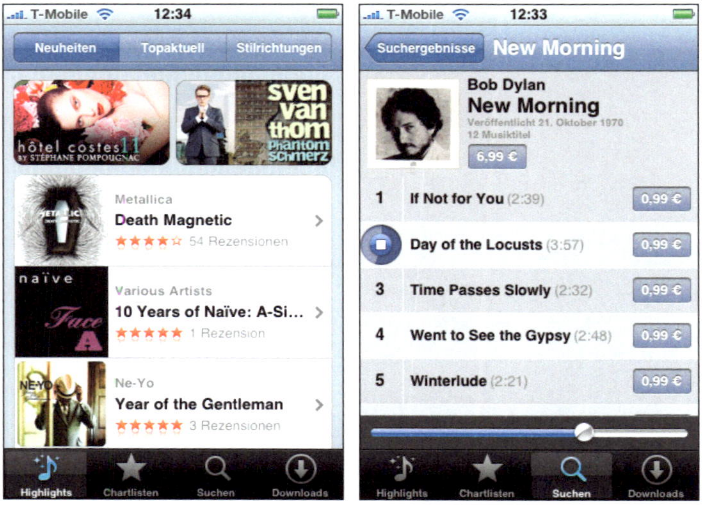

Über iTunes können Sie unterwegs Musik kaufen und auf Ihr iPhone kopieren. Jeder Song kann vor dem Kauf 30 Sekunden lang angehört werden.

Natürlich müssen Sie nicht die Katze im Sack kaufen, sondern können von jedem Song eine 30-sekündige Hörprobe anfordern. Tippen Sie dafür einfach auf den Songtitel in der Songliste eines Albums.

Um einen Song oder ein Album zu kaufen, tippen Sie auf den Preis und bestätigen anschließend mit einen Tipp auf **Kaufen**.

Daraufhin werden Sie nach Ihrem iTunes-Kennwort gefragt. Nach Eingabe dieses Kennworts gibt es keine weiteren Abfragen mehr, sondern der gewählte Song bzw. das gewählte Album wird sofort gekauft und heruntergeladen. Es gibt auf dem iPhone also keinen Einkaufskorb, wie Sie ihn vielleicht von iTunes auf Ihrem Computer gewohnt sind.

So angenehm es ist, unterwegs Musik kaufen zu können, so langwierig kann es auch werden. Wenn Sie mehr als zwei, drei Songs oder gar ein komplettes Album kaufen möchten, dann sollten Sie sich unterwegs entweder etwas Zeit nehmen oder den Kauf lieber gleich am Computer erledigen. Der Download erfolgt auf dem iPhone zwar zügig genug, aber dafür dauert die Aufnahme eines neuen Titels in die Mediathek ganz erheblich länger als auf dem Computer.

Der iPod

Zur Wiedergabe von Musik und Filmen dient der iPod auf dem iPhone. Dabei handelt es sich, wie Steve Jobs bei der Vorstellung des iPhones emphatisch erklärte, „um den besten iPod, den wir je entwickelt haben".

In der Tat: Der iPod auf dem iPhone ist derart einfach in der Bedienung und dabei gleichzeitig so leistungsstark und flexibel, dass man Steve Jobs in diesem Punkt zustimmen möchte.

Musik und Video auf das iPhone übertragen

Bevor Sie sich davon überzeugen können, wie gut der iPod auf dem iPhone ist, müssen Sie natürlich zuerst Inhalte, also Musik und Videos, auf das iPhone bekommen.

Eine mögliche Quelle wäre da der iTunes Store auf dem iPhone. Aber Sie werden wohl kaum Ihre gesamte Musik neu kaufen wollen. Keine Sorge, müssen Sie auch nicht: Mit iTunes ist die Übertragung von Musik (und Videos) auf das iPhone eine Sache weniger Mausklicks.

Wiedergabelisten übertragen

Normalerweise ist die Mediathek viel zu umfangreich, als dass man einfach sämtliche iTunes-Inhalte auf das iPhone kopieren könnte. Hier muss man also eine Auswahl treffen. Dazu legen Sie in iTunes zuerst eine (oder mehrere) Wiedergabeliste(n) mit der Musik an, die Sie unterwegs dabei haben möchten.

Ich mache es mir da zum Beispiel ganz einfach und habe eine Wiedergabeliste namens „iPhone", in die ich alles per Drag & Drop kunterbunt ablege, was mich aktuell interessiert. Da beim Synchronisieren auch die Metadaten der Dateien übertragen werden – also sämtliche Informationen zu Interpreten, Genres, Titel, Plattencover und so weiter – muss ich mich bei der Wiedergabeliste nicht um Ordnung kümmern. Dafür sorgt der iPod.

Wenn Sie eine Wiedergabeliste erstellt haben, schließen Sie Ihr iPhone am Computer an. Warten Sie, bis das iPhone in der Seitenleiste unter **Geräte** auftaucht und klicken Sie es an.

Wechseln Sie nun auf die Registerkarte **Musik**. Hier aktivieren Sie den Punkt **Musik synchronisieren** und legen fest, ob Sie **Alle Titel und Wiedergabelisten** auf Ihr iPhone kopieren möchte, oder ob Sie es mit **Ausgewählten Wiedergabelisten** bewenden lassen wollen – was angesichts des begrenzten Speichers auf dem iPhone sehr sinnvoll ist.

Anschließend wählen Sie die gewünschte(n) Liste(n) an (bei mir also: „iPhone") und klicken auf **Anwenden**.

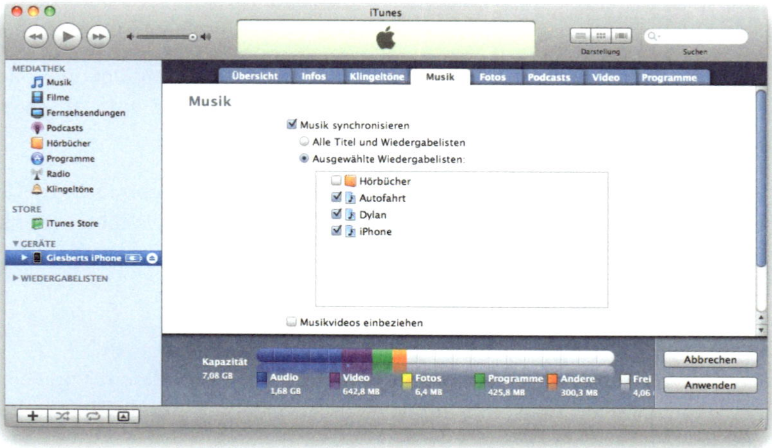

Welche Musik auf Ihr iPhone kopiert wird, legen Sie in iTunes fest.

In Zukunft wird die Wiedergabeliste bei jedem Sync mit dem Bestand auf dem iPhone abgeglichen. Wenn Sie die Liste verändern, neue Songs hinzufügen, andere wieder daraus entfernen, übernimmt iTunes jede Änderung automatisch.

Videos auf das iPhone kopieren

Was mit Musik geht, geht natürlich auch mit Filmen. Wählen Sie dazu das Register **Video**. Hier können Sie nun entscheiden, welche **Ausgeliehenen Filme**, welche **Fernsehsendungen** und welche **Filme** Sie auf das iPhone synchronisieren möchten.

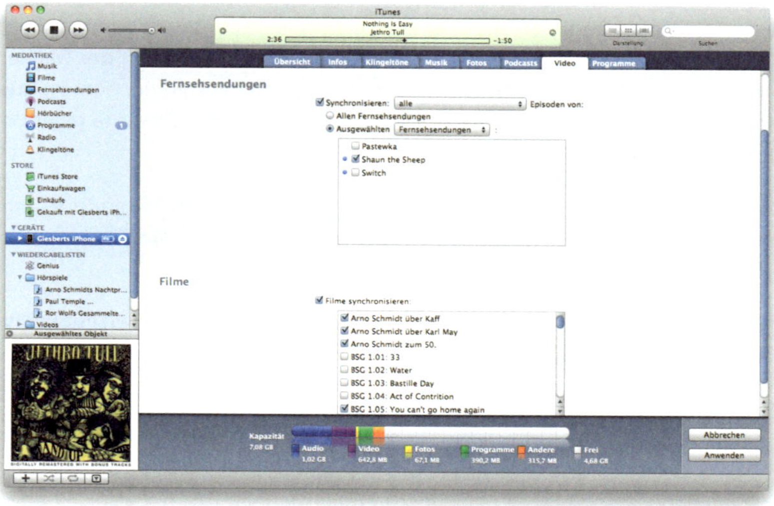

Das brillante Display des iPhones fordert es geradezu heraus, dass Sie sich unterwegs auch Filme und Videos ansehen.

Falls Sie sich über den Punkt **Ausgeliehene Filme** wundern: Apple bietet in den USA einen Leihservice für digitale Videos an, hierzulande ist dergleichen allerdings erst geplant.

Auch hier sorgt ein Klick auf **Anwenden** dafür, dass die ausgewählten Filme auf das iPhone übertragen werden.

Medien wiedergeben

Sobald Ihre Musik und Ihre Filme auf dem iPhone sind, können Sie sie unterwegs jederzeit anhören bzw. betrachten.

Die Musikwiedergabe läuft unabhängig von anderen Prozessen auf dem iPhone. Sie können das Gerät in den Standby-Modus versetzen, im Internet surfen, E-Mails lesen und anderes mehr – die Musik läuft weiter und stoppt erst, wenn ein Stück (oder einer Wiedergabeliste) zu Ende ist oder Sie im iPod die Wiedergabe stoppen.

Ein Musikstück auswählen

Starten Sie dafür den iPod auf dem iPhone. Über das Menü am unteren Rand wechseln Sie zwischen den verschiedenen Darstellungen (**Listen**, **Interpreten**, **Titel**, **Videos**). Möchten Sie Ihren Medienbestand nach anderen Kriterien durchstöbern (etwa nach Alben oder Genres), tippen Sie auf **Weitere**.

Wählen Sie nun ein Stück aus, das Sie hören möchten und tippen Sie es an. Der iPod startet die Wiedergabe (natürlich sollten Sie das Headset aufsetzen, damit Sie auch etwas hören).

Die Wiedergabe steuern

Der iPod blendet bei der Wiedergabe automatisch das Album-Cover und einige Elemente zur Steuerung ein. Unten, groß und prominent, sehen Sie die vermutlich vertrauten Symbole für einen Song zurück/einen Song vor und für Pause/Wiedergabe. Darunter ist ein Schieberegler, über den Sie die Lautstärke festlegen.

Mit dem Pfeil oben links gelangen Sie zur vorhergehenden Seite zurück (die Musikwiedergabe läuft dabei weiter), über das kleine Listensymbol rechts oben blenden Sie eine Titelübersicht des aktuellen Albums ein.

Um im Song selbst vor- bzw. zurückzuspulen, tippen Sie einmal auf das Plattencover. Nun wird ein weiterer Schieberegler eingeblendet, den Sie mit dem Finger an die gewünschte Position schieben.

Möchten Sie einen Song (oder eine Wiedergabeliste bzw. ein Album) in einer Endlosschleife hören, tippen Sie auf den ovalen Pfeil links. Beim ersten Tipp wird der Pfeil blau markiert. Das bedeutet: Die komplette Liste wird wiederholt. Ein weiterer Tipp und der Pfeil bekommt eine kleine (1): Der aktuelle Titel wird wiederholt. Nach einem weiteren Tipp sind Sie wieder in der normalen Wiedergabereihenfolge.

Die Wiedergabe eines Songs lässt sich auf verschiedene Weise steuern.

Möchten Sie Songs aus einer Wiedergabeliste in kunterbunter Reihenfolge hören, tippen Sie auf die sich kreuzenden Pfeile rechts. Damit aktivieren Sie die zufällige Wiedergabe.

Cover Flow

Kippen Sie Ihr iPhone im iPod-Modus einmal auf die Seite: Sie werden sehen, dass sich die Darstellung ändert und der iPod in die so genannte „Cover Flow“-Darstellung wechselt. Dabei können Sie Ihre Musik auswählen, indem Sie mit dem Finger durch die Album-Cover blättern.

In der Cover Flow-Ansicht können Sie mit dem Finger durch Ihre Platten-Sammlung auf Ihrem iPhone blättern und das gewünschte Album aussuchen.

Um die Wiedergabe eines kompletten Albums zu starten, tippen Sie auf den kleinen Pfeil unten links. Mit einem weiteren Tipp halten Sie die Wiedergabe an. Tippen Sie auf das Cover (oder das kleine i unten rechts), drehen Sie die Platte gewissermaßen um und sehen nun das Titelverzeichnis des Albums. Ein Tipp auf dieses Verzeichnis (oder erneut auf das kleine i) bringt Sie zum Cover zurück.

Haben Sie das gewünschte Album gefunden, können Sie mit einem Fingertipp einen Blick auf die Rückseite werfen und gezielt einen einzelnen Song auswählen.

Möchten Sie einen bestimmten Song von diesem Album hören, tippen Sie ihn in der Titelübersicht einfach an.

Wiedergabeliste auf dem iPhone erstellen

Wenn Sie unterwegs sind, kann es schon einmal passieren, dass Sie mit den verfügbaren Wiedergabelisten auf dem iPhone nicht so recht zufrieden sind und lieber eine neue Liste erstellen möchten. Kein Problem. Dazu gibt es die On-The-Go-Listen. Und wenn Sie sich die Mühe sparen möchten, rufen Sie einfach den Genius zu Hilfe.

On-The-Go

Um unterwegs aus den auf dem iPhone verfügbaren Songs eine neue Wiedergabeliste zu erstellen, rufen Sie zuerst den iPod auf, wechseln über das Menü unten in den Abschnitt **Listen** und tippen dort auf **On-The-Go**.

Nun sehen Sie alle verfügbaren Titel auf Ihrem iPhone. Mit einem Tipp auf das blaue Pluszeichen fügen Sie einen Song Ihrer Liste hinzu. Natürlich können Sie hier auch nach **Interpreten** suchen oder über **Weitere** in die Genre- oder Alben-Übersicht wechseln.

Sobald Sie alle Songs auf Ihrer Liste haben, tippen Sie oben rechts auf **Fertig**.

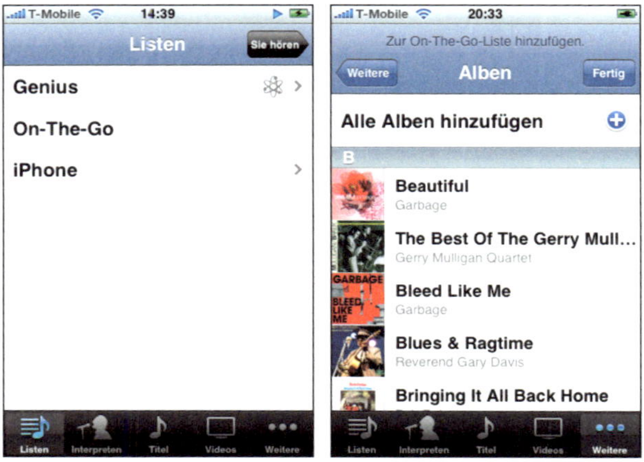

On-The-Go-Listen sind Wiedergabelisten, die Sie unterwegs auf Ihrem iPhone erstellen. Diese Listen werden beim nächsten Sync auch auf Ihren Computer übertragen.

Eine On-The-Go-Liste kann von Ihnen jederzeit erweitert und verändert werden. Tippen Sie dafür in der Listenanzeige auf **Bearbeiten**. Nun können Sie über die Menüs unten neue Songs hinzufügen, über das rote Minuszeichen Songs aus der Liste entfernen und mit den Griffmarkierungen rechts die Position eines Songs in der Wiedergabeliste ändern.

Beim nächsten Sync wird diese On-The-Go-Liste dann auch an iTunes übertragen.

Genius

Wenn Ihnen das manuelle Zusammenstellen von Wiedergabelisten zu mühsam ist, können Sie auch auf dem iPhone den Genius herbeirufen. Wählen Sie dafür unter **Listen** den Eintrag **Genius** und im nächsten Schritt den ersten Song der automatisch zu erzeugenden Liste. Das iPhone erstellt blitzschnell eine Genius-Wiedergabeliste und beginnt sofort mit der Wiedergabe.

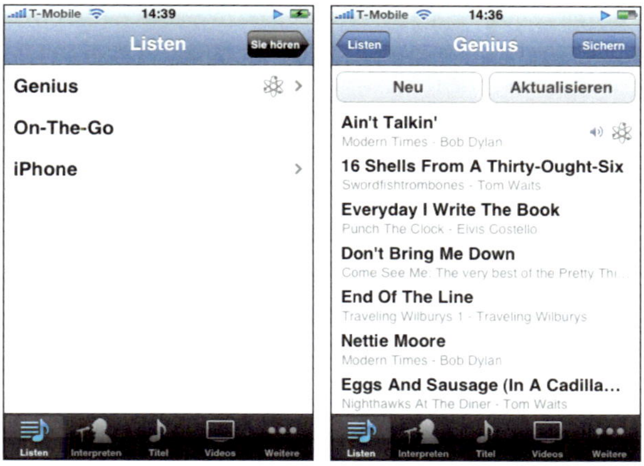

On-The-Go ist Ihnen zu mühsam? Dann überlassen Sie die Listenerstellung doch einfach dem Genius.

Die Genius-Liste lässt sich nun über **Sichern** auf dem iPhone speichern und taucht ebenfalls nach dem nächsten Sync in iTunes auf.

Den iPod anpassen

Der iPod im iPhone ist so, wie er ist, ein großartiger Medienplayer. Aber das heißt ja nicht, dass Sie ihn für sich und Ihre Wünsche nicht ein klein wenig besser machen können.

Das Menü anpassen

Das Menü am unteren Bildschirmrand ist zwar praktisch – aber was soll zum Beispiel die **Videos**-Schaltfläche, wenn Sie gar keine Videos auf dem iPhone haben? Aber keine Sorge, Sie können das Menü anpassen. Wählen Sie dafür **Weitere** und tippen Sie dort links oben auf **Bearbeiten**. Nun ziehen Sie zum Beispiel den Eintrag **Alben** auf **Videos** und schon wird die Schaltfläche entsprechend angepasst. Außerdem ist es auch möglich, die Anordnung durch Verschieben der Schaltflächen zu ändern. Mit **Fertig** speichern Sie die neue Menübelegung und verlassen den Bearbeitungs-Modus.

Das Menü hat mehr zu bieten als es den Anschein hat. Wenn Sie die Belegung und Reihenfolge der Menüleiste ändern möchten, steht dem nichts im Weg.

Sound & Lautstärke

Manche Songs sind beeindruckend laut. So laut sogar, dass man auf Dauer einen Hörschaden riskieren kann. Daher gibt es die Möglichkeit, eine maximale Lautstärke festzulegen. Rufen Sie dafür die **Einstellungen** auf dem Home-Bildschirm auf und wählen Sie **iPod**. Über den Menüpunkt **Maximale Lautstärke** können Sie nun das Geräuschmaximum festlegen – und auch noch über einen Ziffern-code schützen (damit zum Beispiel Ihre Kinder sich nicht ihre Ohren ruinieren).

Außerdem können Sie hier verschiedene Filter aktivieren, um die Klangqualität zu verbessern. Das heißt, ob sie damit wirklich verbessert wird, ist unter iPod-Nutzern umstritten. Auch hier gilt: einfach ausprobieren und die Einstellung benutzen, die Ihnen am besten zusagt.

Den iPod auf Tastendruck starten

Damit Sie möglichst schnell und möglichst einfach Zugriff auf den iPod haben, können Sie eine Schnellstartfunktion aktivieren. Dann genügt ein Doppelklick auf die Home-Taste, um die iPod-Steuerung einzublenden.

Dazu rufen Sie die **Einstellungen** vom Home-Bildschirm auf und wechseln zu dem Eintrag **Allgemein**. Hier tippen Sie auf den Punkt **Home-Taste**. Nun können Sie festlegen, was bei einem Doppelklick auf diese Taste passieren soll. Wählen Sie hier iPod. Außerdem müssen Sie darauf achten, dass der Punkt **iPod Bedienelemente** aktiviert ist.

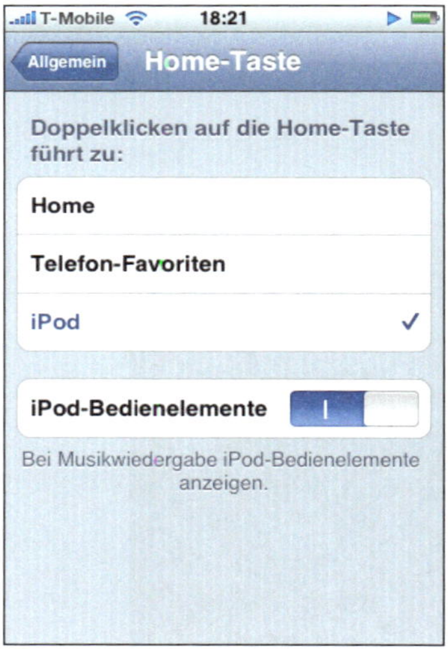

Sie können Ihr iPhone auch so konfigurieren, dass Sie über einen Doppelklick mit der Home-Taste den iPod aufrufen. Das funktioniert auch, wenn das iPhone im Standby-Modus ist. In diesem Fall werden die Bedienelemente angezeigt und Sie können die Musikwiedergabe steuern, ohne das iPhone entriegeln zu müssen.

7

Foto und Film

Das iPhone ist nicht nur einer der besten Musikplayer, die es derzeit gibt, es kann auch YouTube-Filme aus dem Internet wiedergeben. Und natürlich steht Ihren eigenen Schnappschüssen mit der integrierten Kamera nichts im Weg.

Fotos & Kamera

Wie praktisch jedes neuere Smartphone, bietet auch das iPhone eine integrierte **Kamera**, mit der Sie unterwegs, überall und jederzeit rasch einen Schnappschuss fotografieren können. Damit Sie diese (und andere Fotos) auf dem iPhone betrachten können, gehört auch das Programm **Fotos** zur Standardausrüstung des iPhones.

Ein Foto aufnehmen

Die Kamera des iPhones aktivieren Sie mit einem Tipp auf das Symbol **Kamera**. Deren Einsatz ist denkbar einfach und beschränkt sich auf zwei Aktionen: draufhalten und abdrücken. Sie müssen sich um nichts kümmern, nicht um die Beleuchtung, nicht um den Weißabgleich, sondern knipsen einfach drauflos.

Um ein Foto aufzunehmen, tippen Sie auf das Kamera-Symbol am unteren Rand. Es erscheint kurz die Blende und das Foto ist im Kasten, äh, iPhone. Über das stilisierte Bilder-Symbol links wechseln Sie in die Liste der aktuell gemachten Aufnahmen.

Die Kamera bietet eine Auflösung von zwei Megapixeln und speichert die Bilder als JPEG-Datei im Format von 1600 × 1200 Bildpunkten. Die Linse ist auf der Rückseite links oben.

Sobald Sie Kamera gestartet haben, verwandelt sich der Bildschirm in eine Fotoblende, die sich nach kurzer Zeit öffnet und das Bild zeigt, das die Linse der Kamera sieht. So haben Sie die optimale Kontrolle über den Inhalt des Fotos.

Das Geo-Tagging von Fotos

Beim ersten Aufruf der Kamera wird eine Abfrage über das Bild geblendet: **„Kamera" möchte Ihren aktuellen Ort verwenden**. Dies Abfrage können Sie mit **Nein** oder **OK** ablehnen bzw. erlauben.

Die Kamera kann die interne Positionsbestimmung nutzen und Ihren aktuellen Standort als geografische Koordinaten zusammen mit dem Foto speichern. Falls Sie das möchten, versteht sich.

Was hat es damit auf sich – und welche Konsequenzen hat Ihre Antwort? Nun, ganz einfach: Das iPhone kann über das eingebaute GPS-Modul seine aktuelle Position sehr genau bestimmen. Diese Positionsdaten werden – falls Sie dies wünschen – in den Exif-Daten des Fotos gespeichert. Zu sehen ist davon auf dem Foto natürlich nichts, aber fast jedes Fotoprogramm kann diese Daten auslesen. So ist es etwa möglich, ein Foto über seine Positionsdaten mit einem Programm wie zum Beispiel Google Maps (das ebenfalls auf dem iPhone installiert ist) auf einer Karte exakt zu lokalisieren.

Exif ist die Abkürzung für „Exchangeable Image File Format" und bezeichnet ein standardisiertes Format, in dem Metadaten eines digitalen Bildes in der Bilddatei selbst abgelegt werden können.

Das ist einerseits natürlich eine feine Sache, andererseits aber nicht immer erwünscht. Wenn Sie, aus welchen Gründen auch immer, also nicht möchten, dass jemand anhand Ihrer Fotodaten Ihren Weg exakt verfolgen kann, dann tippen Sie auf **Nein** und die Daten werden nicht gespeichert. Andernfalls tippen Sie auf **OK**.

Wenn Sie die Abfrage verneinen, wird sie Ihnen bei jedem Start der Kamera erneut gestellt, ein **OK** merkt sich das iPhone und verzichtet in Zukunft auf die Frage.

Fotos auf dem iPhone betrachten

Fotos, die Sie mit dem iPhone gemacht haben (und nicht nur die, aber dazu kommen wir später), können Sie natürlich auch auf dem iPhone betrachten. Wenn Sie direkt kontrollieren möchten, ob ein Foto wie gewünscht geworden ist, tippen Sie in der Kamera auf das kleine Foto-Symbol links unten. Falls Sie Fotos unabhängig von der Kamera betrachten möchten, rufen Sie vom Home-Bildschirm **Fotos** auf und wechseln anschließend in den Ordner **Film**.

Sie sehen kleine Vorschaubilder der aktuell gespeicherten Fotos, die in chronologischer Folge geordnet sind. Um ein Bild zu betrachten, tippen Sie es einfach an. Es wird bildschirmfüllend dargestellt. Um in ein Foto hineinzuzoomen, ziehen Sie es mit Daumen und Zeigefinger größer. Um es wieder zu verkleinern, schieben Sie es mit Daumen und Zeigefinger wieder zusammen. Mit einem Doppeltipp auf das Foto wird es wieder in bildschirmfüllender Darstellung gezeigt.

Die Foto-Anzeige im iPhone

Bei der Anzeige des Bildes wird anfangs für ca. fünf Sekunden ein Menü eingeblendet, das danach verschwindet und durch einen Tipp auf das Foto wieder hervorgeholt werden kann.

Um durch die vorhandenen Fotos zu blättern, können Sie entweder die Pfeiltasten des Menüs benutzen. Eleganter ist es allerdings, mit dem Finger durch die Bilder zu blättern. Wischen Sie dazu mit dem Finger nach links oder rechts über den Bildschirm.

Um ein Foto im Querformat zu betrachten, drehen Sie das iPhone einfach um, das Format ändert sich automatisch von Hoch- auf Querformat.

Eine kleine Diashow

Wenn Sie nicht blättern, sondern sich Ihre Fotos automatisch vorführen lassen möchten, dann tippen Sie im Menü auf das mittlere Dreieck. Das iPhone beginnt nun damit, die Fotos der Reihe nach anzuzeigen.

Standardmäßig zeigt das iPhone bei der Diashow die Bilder einmal in chronologischer Reihenfolge an. Dabei ist jedes Foto drei Sekunden zu sehen und beim Übergang vom folgenden Foto überblendet. Das können Sie natürlich ändern.

Rufen Sie dafür die **Einstellungen** auf dem Home-Bildschirm auf und wählen Sie dort den Eintrag **Fotos**. Hier können Sie nun die Anzeigedauer eines Fotos einstellen, den Übergangs-Effekt festlegen, eine zufällige Fotofolge wählen und festlegen, ob die Show wiederholt werden soll.

Fotos löschen

Nicht jeder Schnappschuss wird so, wie Sie ihn sich gewünscht haben. Um Speicherplatz auf dem iPhone zu sparen, können Sie solche missratenen Bilder natürlich sofort wieder löschen.

Tippen Sie zur Kontrolle eines Fotos in der Kamera auf das kleine Foto-Symbol links oder rufen Sie vom Home-Bildschirm **Filme** auf. Wechseln Sie in das Album **Film**. In der Übersicht erkennen Sie meist schon, welche Fotos Sie gleich wieder löschen können. Tippen Sie auf das entsprechende Foto und anschließend auf den Mülleimer. Es wird eine Sicherheitsabfrage eingeblendet. Möchten Sie das Foto doch behalten, wählen Sie **Abbrechen**, ansonsten schicken Sie es mit Foto löschen in den digitalen **Orkus**. Das Foto verschwindet in einer kleinen Animation im Mülleimer.

Was weg ist, ist weg! Es gibt nach dem Löschen eines Fotos keine Möglichkeit, das Foto zurückzuholen!

Fotos per E-Mail verschicken

Eine schöne Funktion des iPhones ist die Möglichkeit, jedes Foto sofort per E-Mail an Bekannte und Freunde zu verschicken. So können Sie einen Schnappschuss gleich mit einem kleinen Text weitersenden und müssen nicht darauf warten, ihn Ihren Freunden persönlich zeigen zu können.

Ein Foto auf dem iPhone lässt sich mit wenigen Fingertipps an eine beliebige Mail-Adresse schicken.

Auch das ist ganz einfach: Wählen Sie in der Film-Übersicht das gewünschte Foto aus und tippen Sie auf das Symbol links. Es wird ein Menü eingeblendet, dessen mittlerer Punkt **Per E-Mail versenden** heißt. Nach einem Tipp auf diesen Eintrag öffnet sich eine neue E-Mail, in der das Foto bereits eingefügt ist. Nun tragen Sie den Empfänger ein, legen eine Betreffzeile fest und schicken das Foto mit Senden auf die Reise. Wenn Sie möchten, können Sie natürlich auch noch einen Text dazu schreiben.

Fotos zwischen Computer und iPhone austauschen

Fotos, die Sie mit dem iPhone gemacht haben, wollen Sie vermutlich auch auf dem Computer vorliegen haben. Und auch beliebige Fotos, die Sie auf Ihrem Computer verwalten, lassen sich auf das iPhone kopieren und zum Beispiel in einer Diashow abspielen.

Fotos vom iPhone auf den Computer übertragen

Fotos auf dem iPhone lassen sich problemlos auf Ihren Computer übertragen (ganz gleich, ob Sie an einem Mac oder einem Windows-PC arbeiten). Sobald Sie das iPhone an den Computer angeschlossen haben, wird es als digitale Kamera erkannt und genau so behandelt, wie andere Kameras auch.

Auf dem Mac benutzen Sie entweder Ihr Fotoprogramm (zum Beispiel iPhoto) oder das Programm **Digitale Bilder**, um die Fotos vom iPhone auf Ihren Computer zu kopieren.

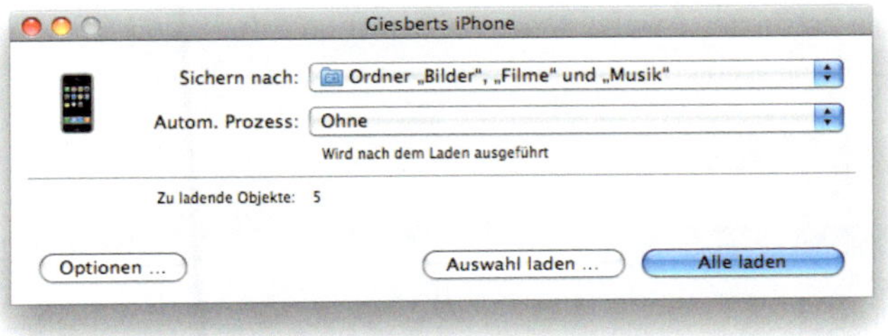

„Digitale Bilder" ist ein schneller und einfache Weg, die Fotos vom iPhone auf den Mac zu bekommen.

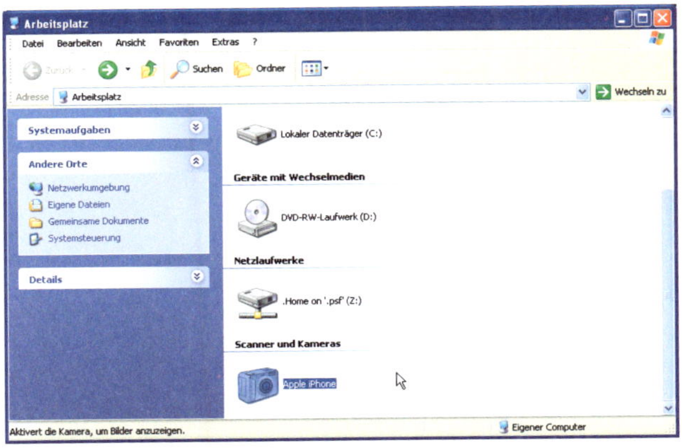

Das iPhone wird unter Windows wie jede andere digitale Kamera auch erkannt und behandelt.

Auf dem PC greifen Sie ebenfalls zum Fotoprogramm Ihrer Wahl, oder benutzen den Explorer, in dem das iPhone als Kamera angezeigt wird.

Fotos vom Computer auf das iPhone übertragen

Sie können auf das iPhone nicht nur die Fotos mit sich herumtragen, die Sie mit der integrierten Kamera gemacht haben, sondern jedes beliebige Foto auf Ihrem Computer auf das iPhone kopieren.

Dazu benutzen Sie iTunes. Schließen Sie das iPhone an Ihren Computer an und starten Sie iTunes (falls das Programm nicht von allein startet). Wechseln Sie im iPhone-Bereich auf die Registerkarte **Fotos**. Aktivieren Sie den Punkt **Fotos synchronisieren von**: und legen Sie eine Quelle fest.

Auf dem Mac wird das vermutlich iPhoto sein, auf dem PC unterstützt das iPhone das (kostenlose) Adobe Photoshop Album und das (kostenpflichtige) Adobe Photoshop Elements ab der Version 3.

Falls Sie mit diesen Programmen arbeiten, werden Sie vermutlich viele Fotos in ihnen verwalten – sehr viel mehr, als Sie auf dem iPhone haben möchten. In diesem Fall legen Sie sich in den Programmen Alben mit den Fotos an, die Sie kopieren möchten. In iTunes wählen Sie dann die gewünschten Alben aus.

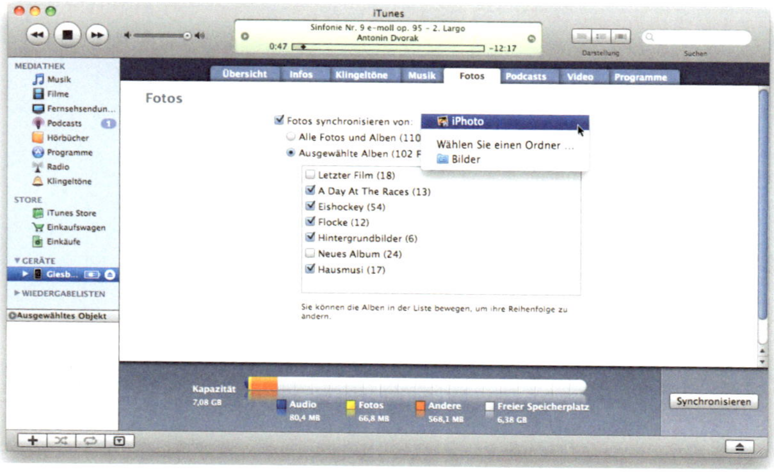

Auf dem Mac werden Fotos oft mit iPhoto verwaltet, dessen Alben von iTunes erkannt und einzeln synchronisiert werden können. Falls Sie nicht mit iPhoto arbeiten, können Sie die Fotos, die auf das iPhone kopiert werden sollen, in einem Ordner ablegen und diesen über iTunes mit dem iPhone synchronisieren lassen.

Sie können aber auch ganz ohne Fotoprogramm Bilder an das iPhone übertragen. Kopieren Sie dazu die gewünschten Fotos in einen Ordner. In iTunes legen Sie nun im Auswahlmenü fest, dass das iPhone nicht mit einem Programm, sondern mit diesem Ordner synchronisiert werden soll.

Anschließend klicken Sie auf **Anwenden** und iTunes beginnt damit, die Fotos auf das iPhone zu übertragen.

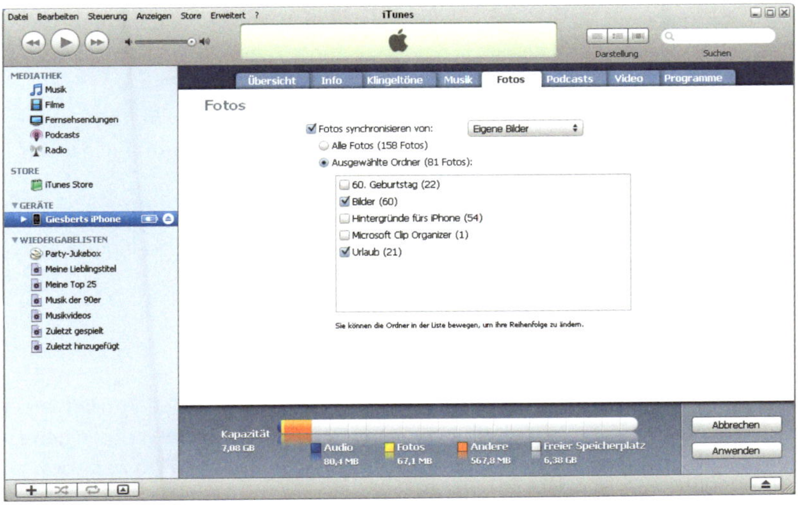

Was auf dem Mac geht, geht natürlich auch unter Windows. Hier werden Photoshop Album und Photoshop Elements von Adobe unterstützt. Natürlich ist es auch möglich, die gewünschten Bilder einfach in Ordnern abzulegen, die gezielt mit dem iPhone synchronisiert werden.

Ein Foto, das Sie vom Computer mit iTunes auf das iPhone übertragen haben, kann auf dem iPhone selbst nicht gelöscht werden. Dazu müssen Sie es auf dem Computer aus dem Album oder den Ordner entfernen, den Sie mit dem iPhone synchronisieren oder in iTunes das komplette Album bzw. den kompletten Ordner von der Synchronisation ausnehmen.

Möchten Sie sämtliche übertragene Fotos auf dem iPhone löschen, deaktivieren Sie den Punkt **Fotos synchronisieren von**.

Das iPhone als Fernseher: YouTube

YouTube ist die derzeit wohl populärste und erfolgreichste Website zur Publikation von Videos aller Art. Hier finden sich Millionen von Filmen, jede Minute, so heißt es, laden die YouTube-Anwender zehn Stunden (!) Videomaterial auf den YouTube-Server.

Dabei setzt YouTube konsequent auf Flash, alle Filme liegen im Flash-Format vor. Das ist für das iPhone insofern ein Problem, weil Flash auf dem Gerät nicht unterstützt wird. Doch es gibt einen Ausweg, denn YouTube konvertiert die Filme nicht nur ins Flash-, sondern auch ins H.264-Format – und damit kann das iPhone hervorragend umgehen. Zur Markteinführung lagen rund 10.000 Filme bei

YouTube in diesem Format vor, inzwischen soll mehr oder weniger der gesamte Bestand konvertiert und damit via iPhone verfügbar sein.

Sie können auch YouTube-Videos wiedergeben, die auf Webseiten eingebettet sind. Tippen Sie auf ein solches Video, ruft Safari den YouTube-Player auf dem iPhone auf, in dem das gewünschte Video abgespielt wird.

Zur Wiedergabe von YouTube-Filmen hat Apple dem iPhone eine eigene Applikation spendiert, die, genau, YouTube heißt.

Videos suchen und finden

Das YouTube-Angebot ist so riesig groß, dass es praktisch zu jedem Thema ein Video gibt. Damit Sie in dieser unüberschaubaren Auswahl nicht verloren gehen, gibt es verschiedene effektive Methoden, einen gewünschten Film zu finden.

Starten Sie YouTube mit einem Tipp auf das Symbol. Sie können sich nun die **Highlights** anzeigen lassen (also die Videos, die von den YouTube-Mitarbeitern ausgewählt wurden), in den **Topvideos** blättern (das sind die Videos mit den höchsten Abrufzahlen nach Tag, Woche und insgesamt), ein Video aus Ihren **Lesezeichen** abrufen (wie Sie ein Lesezeichen setzen, erfahren Sie gleich) oder mit Suchen den Videobestand nach Stichworten durchstöbern.

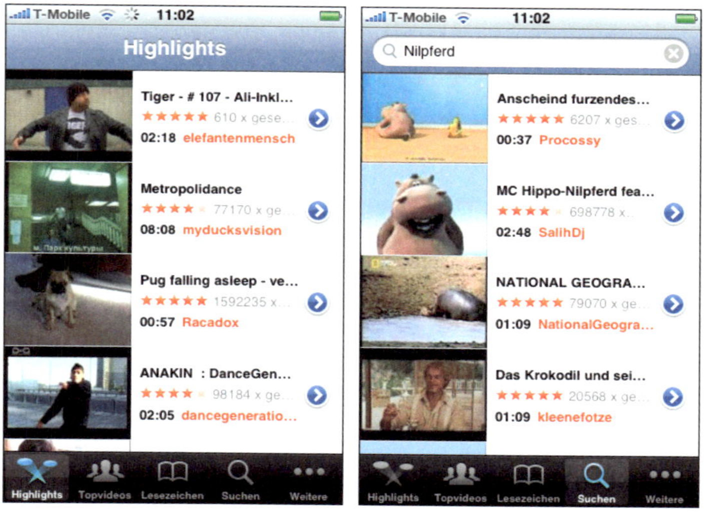

Wie bei iTunes gibt es auch bei YouTube von den Empfehlungen bis zur Stichwortsuche verschiedene Möglichkeiten, einen bestimmten Film zu finden.

Der Menüpunkt **Weitere** zeigt Ihnen noch drei weitere Suchmöglichkeiten: **Neue Videos**, **Bestwertung** (Videos können von den YouTube-Nutzern bewertet werden) oder **Verlauf** (hier finden Sie alle Videos verzeichnet, die Sie in der letzten Zeit abgerufen haben).

Über die Schaltfläche **Bearbeiten** können Sie, ähnlich wie beim iPod, auch bei YouTube das Menü anpassen.

Videos abspielen

Die Wiedergabe eines Videos aus dem YouTube-Fundus ist denkbar einfach: Sie tippen es an. Daraufhin startet der Player (im Querformat) und lädt das Video.

Möchten Sie zuvor mehr Informationen über den Filmclip, tippen Sie auf den blauen Pfeil rechts.

Keine Sorge, das Bild wird nicht ständig von Steuerelementen überlagert, die werden nur eingeblendet, wenn Sie mit dem Finger auf das Display tippen.

Sobald die Wiedergabe beginnen kann, erscheint im oberen Bereich des Players ein Fortschrittsbalken, der Ihnen anzeigt, an welcher Position Sie sich befinden, und wie lang das Video ist. Sie können nun warten, bis das iPhone genügend Daten geladen hat, um das Video unterbrechungsfrei abzuspielen, Sie können aber auch auf die Play-Schaltfläche im unteren Bedienfeld tippen (das ist, wie vom Video- und DVD-Player vertraut, ein nach rechts zeigendes Dreieck).

Wenn die Wiedergabe beendet ist, schaltet YouTube automatisch zurück auf die zuletzt aufgerufene Seite. Sie können die Wiedergabe aber natürlich auch unterbrechen, indem Sie auf die Schaltfläche **Fertig** links oben tippen.

Die Steuerelemente werden ausgeblendet, sobald das Video wiedergegeben wird. Mit einem Tipp auf den Bildschirm holen Sie sie wieder hervor.

Lesezeichen

Damit Sie in den Bilderfluten von YouTube nicht ertrinken, gibt es eine Lesezeichen-Funktion. Damit können Sie sich interessante Videos notieren. Tippen Sie dafür einfach während der Wiedergabe eines Films auf das Buchsymbol links.

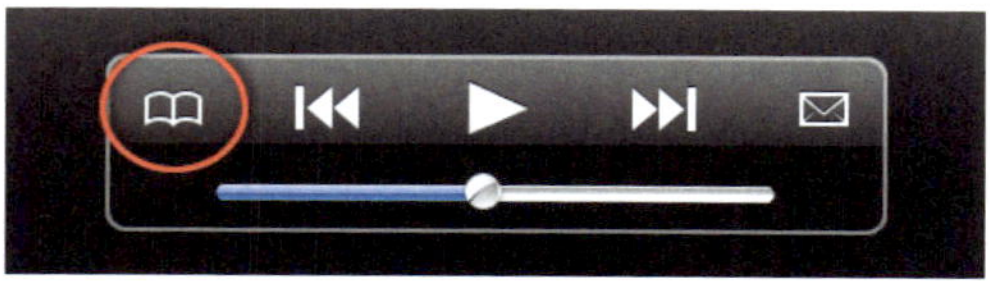

Die Lesezeichen-Funktion von YouTube sorgt dafür, dass Sie ein interessantes Video auf Fingertipp bereit haben.

Ein Lesezeichen wird ohne Unterbrechung des Films gespeichert. Sobald ein Film als Lesezeichen gespeichert ist, wird das Lesezeichen-Symbol gegraut und reagiert nicht mehr.

Um ein Lesezeichen wieder zu entfernen, rufen Sie im YouTube-Menü den Punkt **Lesezeichen** auf. Tippen Sie anschließend auf die Schaltfläche **Bearbeiten** oben rechts. Nun wird ein rotes Minuszeichen links neben die Filmeinträge eingeblendet, über die Sie einen Eintrag in den Lesezeichen löschen können.

YouTube-Link per Mail verschicken

Oft stolpert man in YouTube über komische, spannende, interessante, brisante – kurz: interessante Videos. Damit möchte man natürlich nicht allein bleiben, sondern auch Freunde und Bekannte auf diese Perlen in YouTube hinweisen.

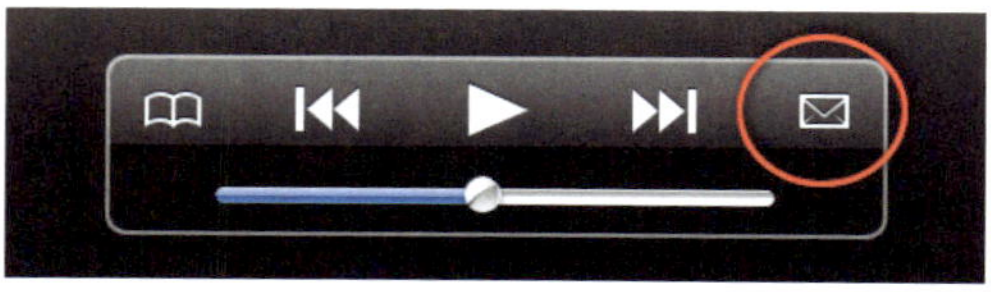

Nach dem Tipp auf den Briefumschlag öffnet sich Mail – was durchaus ein paar Sekunden dauern kann.

Kein Problem: Sie können jeden Link zu einem YouTube-Video mit einem Fingertipp per E-Mail verschicken. Tippen Sie dafür auf den Briefumschlag rechts. YouTube öffnet Mail mit einem vorausgefüllten Mailformular. Sie müssen nur noch den Empfänger angeben und auf **Senden** tippen.

8

Das iPhone Ihren Wünschen anpassen

Das iPhone folgt, wie alle Apple-Produkte, der Idee, dass man es nach dem Motto „auspacken, einsetzen“ benutzen kann. Und das ist beim iPhone auch der Fall (ok, mehr oder weniger).

Aber natürlich können Sie das iPhone konfigurieren und anpassen, damit es nicht einfach nur *ein* iPhone – sondern *Ihr* iPhone wird. An erster Stelle steht hier natürlich die Möglichkeit, das iPhone um neue Programme zu ergänzen.

Neue Programme fürs iPhone

Das iPhone ist nicht einfach nur ein Handy, sondern ein kompletter, unixbasierter Computer. Und wie bei jedem Computer kann man auch auf dem iPhone jede Menge Programme für alle möglichen Zwecke installieren. Beim iPhone ist das besonders einfach, denn hier gibt es den App Store.

Der App Store

App Store ist die Abkürzung für „Application Store“, was man ungefähr mit „Kaufhaus für Programme“ übersetzen könnte. Dieses digitale Kaufhaus ist die zentrale Anlaufstelle für alle, die neue Programme für ihr iPhone suchen (und auch für Entwickler, die ihre Programme anbieten möchten).

Im App Store können Sie sämtliche Programme für Ihr iPhone kaufen – oder genauer: bekommen, denn eine ganze Menge Programme sind kostenlos.

Der App Store ist auf zwei Wegen zu erreichen. Zum einen ist er eine Abteilung des iTunes Store und wie diesen betreten Sie ihn von Ihrem Computer aus, indem Sie iTunes starten. Alle Programme, die Sie vom App Store in iTunes herunterladen, werden auf dem iPhone installiert, sobald Sie es das nächste Mal anschließen und synchronisieren.

Der zweite Weg führt über das iPhone selbst. Hier ist der Zugang zum App Store durch ein kleines Programm geregelt, das Sie nur zu starten brauchen, um sofort im App Store nach einem passenden Programm suchen zu können. Ganz gleich, wo Sie sich befinden – solange Ihr iPhone online ist (und das ist es praktisch überall, von U-Bahnen und anderen unvermeidlichen Funklöchern einmal abgesehen), können Sie sofort und mit wenigen Fingertipps neue Programme auf Ihrem iPhone installieren.

Die über das iPhone installierten Programme werden beim nächsten Sync-Prozess automatisch in die Mediathek von iTunes übernommen und auf Ihrem Computer gespeichert. So haben Sie jederzeit eine Sicherheitskopie Ihrer Programme.

Apple überarbeitet den App Store kontinuierlich, verändert hier und da Kleinigkeiten, bessert da und dort nach. Es kann also sein, dass sich der App Store nach Redaktionsschluss dieses Buches ein wenig verändert hat und dass das, was Sie auf Ihrem Monitor sehen, von den Abbildungen in diesem Buch ein klein wenig abweicht. Was Sie aber nicht weiter irritieren sollte.

Der App Store in iTunes

Um auf den App Store von iTunes aus zuzugreifen, starten Sie auf Ihrem Mac oder PC iTunes und wählen in der Seitenleiste im Abschnitt **Store** den Eintrag **iTunes Store**. Im linken Menüblock, der mit **iTunes STORE** überschrieben ist, klicken Sie auf den untersten Link: **App Store**.

Über die Standard-Navigationsleiste des iTunes Store können Sie vor- und zurückblättern und in übergeordnete Kategorien wechseln.

Mit dem Suchfeld finden Sie blitzschnell ein bestimmtes Programm.

Die Anzahl der Punkte zeigt, wie viele Seiten ein Bereich hat, geblättert wird über die Pfeile.

Die Kategorien helfen Ihnen beim systematischen Zugriff.

Die Mittelspalte enthält eine Übersicht über die neuesten Programme und Empfehlungen der Redaktion.

Der App Store ist der zentrale digitale Marktplatz für sämtliche Programme, die Sie auf Ihrem iPhone installieren können.

Wenn Sie den Namen eines Programms kennen, müssen Sie nicht erst in den App Store wechseln, sondern können bereits im iTunes Store das Suchfeld rechts oben benutzen. Damit durchsuchen Sie den gesamten Store, also Musik, Video, Podcasts und Programme fürs iPhone.

Wissen Sie noch nicht genau, welches Programm Sie interessiert, sondern möchten sich zuerst einen Überblick darüber verschaffen, welche Programme für welche Zwecke es eigentlich so gibt, dann klicken Sie im App Store durch die Kategorienliste und schauen sich in Ruhe die verschiedenen Programme an.

Programme auf dem iPhone installieren

Wie bekommen Sie nun ein Programm aus dem App Store auf Ihren Computer und von dort auf Ihr iPhone? Am besten gehen wir die einzelnen Schritte am Beispiel zweier kostenloser Programme durch.

Das erste Programm, das über iTunes auf Ihrem Computer installiert wird, ist das Spiel „iSudoku light", das eines der zahlreichen Sudoku-Programme fürs iPhone ist (und normalerweise „iSudoku lite" heißen würde).

Das Programm, das über den App Store auf dem iPhone installiert werden soll, ist das nützliche Zusatzprogramm „Wikipanion", das Ihnen unterwegs schnellen Zugriff auf die Wikipedia gibt.

Ein Programm mit iTunes installieren

Da der Name des gesuchten Programms bekannt ist, kann man die Suchfunktion einsetzen, um das gewünschte Spiel „iSudoku light" zu finden. Sie können natürlich auch ein wenig in der Kategorie „Spiele" stöbern (falls Sie eine Spielernatur sind, empfehle ich Ihnen das sogar ausdrücklich, Sie werden überrascht sein, wie viele Spiele es für das iPhone gibt – und wie viele davon kostenlos sind).

Für die Suche tippen Sie in das Suchfeld oben rechts den Namen des Programms ein. Sie werden feststellen, dass iTunes Ihnen bei der Suche hilft und zu den bereits getippten Buchstaben die möglichen Treffer einblendet. Unser Beispielprogramm finden Sie etwa schon, wenn Sie nur „isu" eingegeben haben.

> Die Groß-/Kleinschreibung wird bei der Suche ignoriert, Sie können einfach alles klein schreiben.

Klicken Sie den gewünschten Eintrag an (hier also: „isudoku light") und schon zeigt Ihnen iTunes allgemeine Informationen zum gefundenen Programm und seinem Entwickler.

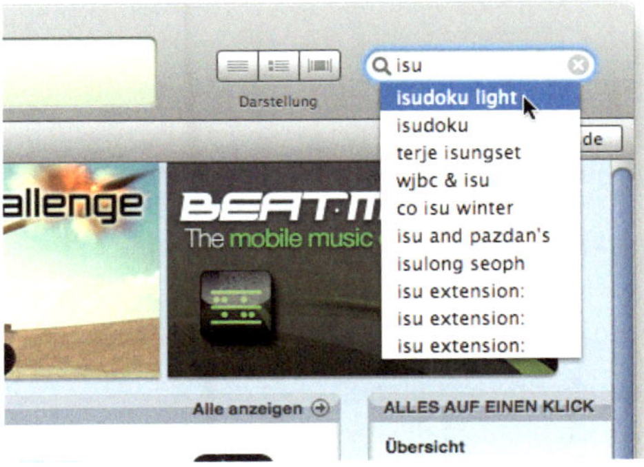

Die Suchfunktion im iTunes durchsucht sowohl den iTunes Store nach passenden Songs und Videos wie den App Store nach Programmen für Ihr iPhone.

Sie können bereits jetzt das Programm laden (indem Sie auf die Schaltfläche **Laden** klicken). Doch das wäre wohl ein wenig voreilig. Klicken Sie stattdessen lieber auf das Programmsymbol. So gelangen Sie zur vollständigen Produktbeschreibung, auf der Sie alles erfahren, was es zu dem Programm zu erfahren gibt. Dazu gehören auch die Rezensionen anderer Kunden, die Ihnen bei Ihrer Entscheidung helfen.

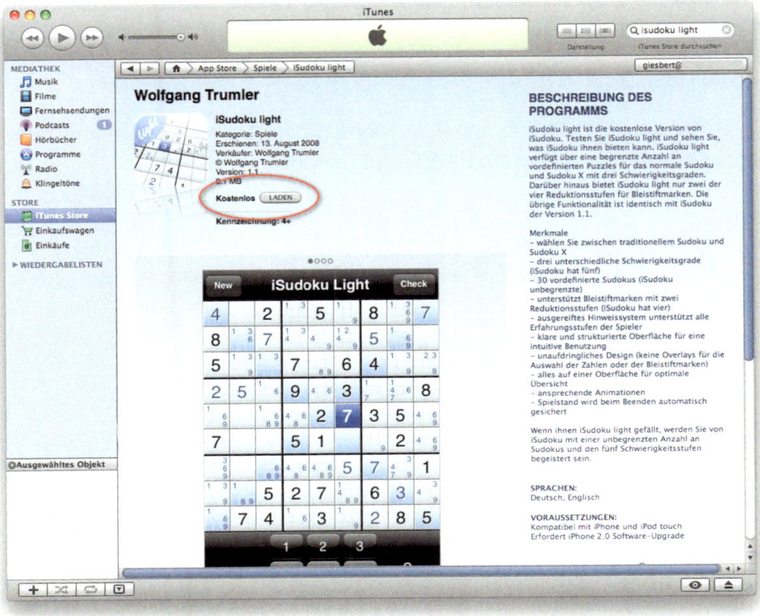

In der vollständigen Produktbeschreibung erhalten Sie umfassende Informationen über ein Programm.

Schauen Sie sich diese Seite ruhig ein wenig an und klicken Sie anschließend auf **Laden**.

Sie werden nun nach Ihrem Kennwort für den iTunes Store gefragt, anschließend wird das Programm heruntergeladen und der Mediathek hinzugefügt. Sobald Sie Ihr iPhone anschließen und synchronisieren, wird es auf das iPhone übertragen.

Ab sofort können Sie jederzeit eine kleine Runde Sudoku spielen. Viel Spaß!

Ein Programm via iPhone installieren

Die Suche nach einem Programm und seine Installation über den App Store auf dem iPhone verläuft sehr ähnlich. Auch hier installieren wir einfach ein weiteres, kostenloses Programm, um die einzelnen Schritte kennenzulernen. Da Sie iSudoku ja jetzt schon installiert haben, nehmen wir „Wikipanion". Das ist eine Applikation, die Ihnen unterwegs den direkten Zugriff auf die Wikipedia erlaubt, ohne dass Sie dafür Safari starten und die Webseite der Wikipedia aufrufen müssten.

Vorsicht!

Achten Sie bei der Installation von Programmen auf den Ladezustand des iPhone-Akkus. Sollte Ihnen beim Download und der anschließenden Installation der Saft ausgehen, kann das zu sehr ärgerlichen Konsequenzen führen und Ihr iPhone beim nächsten Einschalten nicht mehr starten. In diesem Fall hilft Ihnen nur noch der Wartungsmodus (mehr dazu im Kapitel 9: „Tipps für Not- und andere Fälle").

Starten Sie auf dem iPhone den **App Store**, indem Sie auf das entsprechende Programmsymbol auf dem Home-Bildschirm tippen.

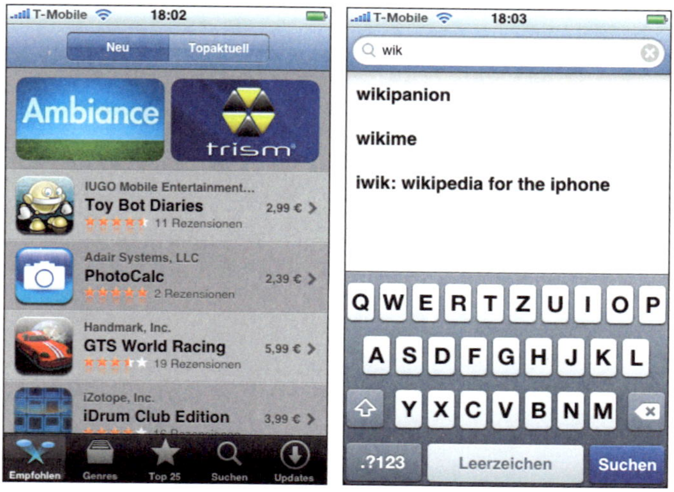

Der App Store auf dem iPhone bietet Ihnen die Möglichkeit, neue Software sofort und ohne Umweg über den Computer auf dem iPhone zu installieren.

Wechseln Sie gegebenenfalls über die Menüleiste unten in die Rubrik **Suchen**. Geben Sie in dem Suchfeld den Namen des gesuchten Programms ein, in unserem Beispiel also „wikipanion“ (auch hier spielt die Groß-/Kleinschreibung keine Rolle).

Sie werden bemerken, dass nach den ersten Buchstaben bereits eine Trefferliste angezeigt wird, so dass Sie nur drei Buchstaben tippen müssen, um das gewünschte Programm angezeigt zu bekommen.

Tippen Sie nun auf den Namen des Programms, um etwas mehr Informationen zu erhalten. So können Sie entscheiden, ob das gefundene Programm tatsächlich das ist, das Sie suchen (in diesem Fall ist es das, glauben Sie mir).

Ein weiterer Tipp bringt Sie zur Produktseite, auf der Sie eine ausführliche Beschreibung des Programms zusammen mit Screenshots und den Bewertungen anderer Kunden erhalten. Von dieser Seite aus können Sie das gewünschte Programm auch installieren.

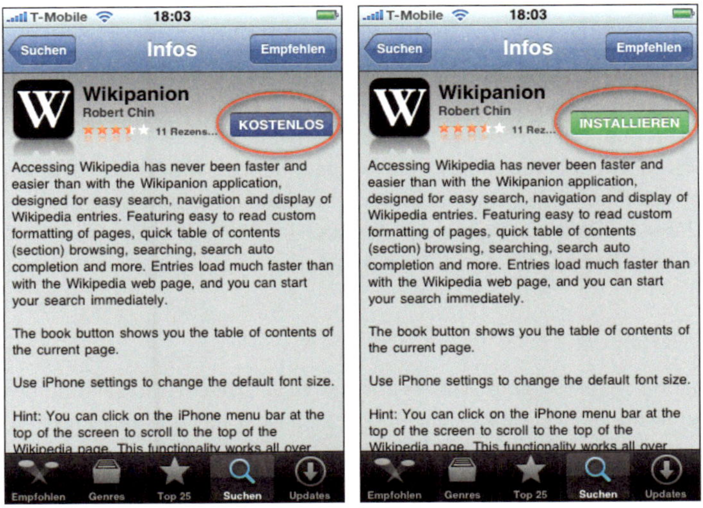

Ein Programm installieren durch einen Tipp auf sein Preisschild (hier: „Kostenlos“).

Um ein Programm zu installieren, tippen Sie auf die Preisangabe, in diesem Fall also auf **KOSTENLOS**. Die Schaltfläche ändert sich in **INSTALLIEREN**. Ein weiterer Tipp und der App Store blendet die Kennwortabfrage für Ihren iTunes-Account ein. Nachdem Sie sich so legitimiert haben, wird das Programm heruntergeladen und sofort auf dem iPhone installiert. Das kann je nach Programm durchaus ein paar Minuten dauern, fassen Sie sich also unter Umständen in Geduld.

Nach Eingabe Ihres iTunes-Kennworts wird das gewünschte Programm heruntergeladen und an der nächsten freien Stelle auf Ihrem Home-Bildschirm installiert.

Wie schnell Sie ein Programm aus dem App Store auf Ihr iPhone geladen bekommen, hängt natürlich von der Geschwindigkeit Ihrer Anbindung ab. Da jedoch die meisten Programme nur wenige Hundert KByte groß sind (wenn überhaupt), genügt selbst eine Edge-Verbindung. Bei Programmen, die größer als 10 MByte sind, bricht das iPhone den Download auch bei einer 3G-Anbindung ab. Programme dieser Größenordnung werden nur noch im WLAN geladen. Hier sollte man am besten den App Store in iTunes benutzen.

Programme löschen

Nicht immer hält ein Programm, was es anfangs zu versprechen schien und belegt in Zukunft nur noch Platz auf dem iPhone. In diesem Fall ist es kein Problem, ein Programm wieder los zu werden.

Es ist empfehlenswert, alle Programme vom iPhone zu löschen, die Sie aktuell nicht benötigen. Jedes installierte Programm, das Sie nicht benutzen, verlangsamt die Synchronisation und die Installation neuer Programme. Bei Bedarf können Sie die gelöschten Applikationen beim nächsten Sync wieder auf dem iPhone installieren.

Beim Löschen von Programmen gibt es, ähnlich wie bei der Installation, zwei Wege. Sie können es entweder direkt auf dem iPhone löschen oder in der Mediathek von iTunes.

Programme auf dem iPhone löschen

Wenn Sie unterwegs rasch ein Programm vom iPhone entfernen wollen, ist das kein Problem.

Tippen Sie ein beliebiges Symbol auf dem Home-Bildschirm an und halten Sie den Finger so lange auf dem Display, bis die Symbole anfangen, zu wackeln. Nun können Sie die Symbole nicht nur verschieben, sondern installierte Programme über das kleine schwarze X links oben auch löschen. Es erscheint eine Sicherheitsabfrage, die Sie mit einem Tipp auf **Löschen** bejahen. Anschließend verschwindet das Programm vom iPhone.

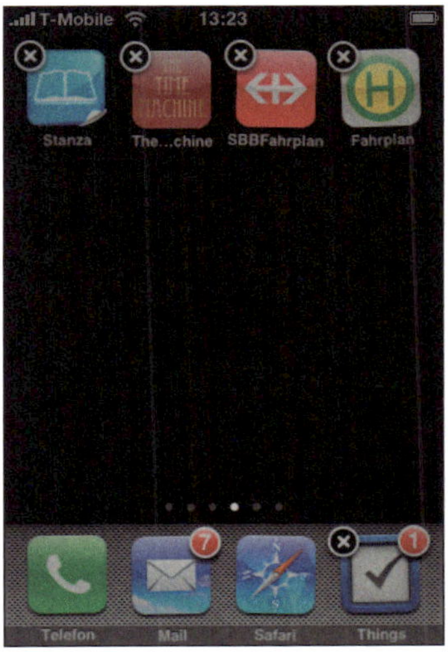

Sobald das iPhone im Wackel-Modus ist, können Sie Applikationen nicht nur verschieben, sondern auch löschen.

Beim nächsten Sync mit iTunes werden die Einstellungen in iTunes angepasst. Dabei ändert sich die Einstellung von „Alle Programme“ auf „Ausgewählte Programme“. Hier sind nun alle Programme markiert, die sich auf dem iPhone befinden, während das Programm, das auf dem iPhone gelöscht wurde, kein Häkchen mehr besitzt.

So bleibt das Programm zwar noch in der Mediathek von iTunes, wird aber nicht mehr auf dem iPhone installiert. Möchten Sie es später doch noch einmal unterwegs dabei haben, müssen Sie es in der Liste lediglich aktivieren und schon wird es beim nächsten Sync wieder installiert.

Programme in iTunes löschen

Das Löschen eines Programms vom iPhone über iTunes hat den Vorteil, dass Sie sehr bequem gleich mehrere Programme entfernen können. Und zwar so: Schließen Sie das iPhone an und warten Sie, bis es in der Seitenleiste von iTunes angezeigt wird. Falls iTunes nicht automatisch zum iPhone wechselt, helfen Sie mit einem Klick auf den **Geräte**-Eintrag nach.

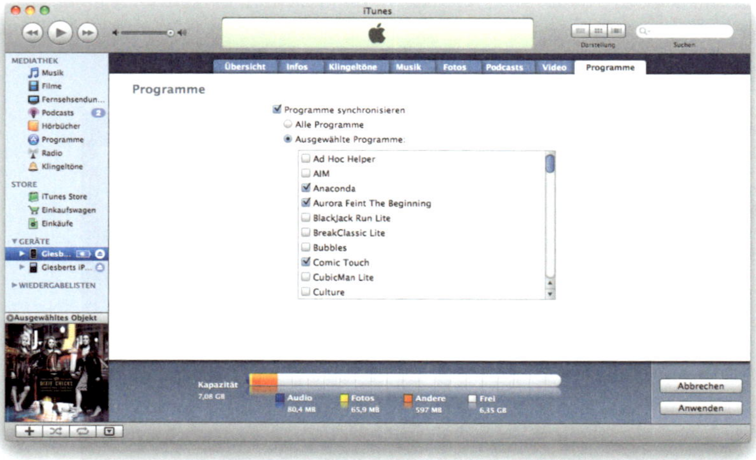

In iTunes haben Sie die volle Kontrolle über alle auf dem iPhone installierten Programme.

Wechseln Sie auf die Registerkarte **Programme** und aktivieren Sie die Option **Ausgewählte Programme**. Nun können Sie in der Liste der Programme die Programme deaktivieren, die Sie vom iPhone entfernen möchten. Natürlich funktioniert das auch in die andere Richtung: Aktivieren Sie alle Programme, die Sie wieder auf dem iPhone zur Verfügung haben möchten.

Treffen Sie Ihre Wahl und klicken Sie anschließend auf **Anwenden.**

Programme ein für alle mal löschen

Ein Programm, das Sie auf dem iPhone oder in iTunes gelöscht haben, ist immer noch Bestandteil der Mediathek. Das ist meistens auch gut so, da Sie so in der Lage sind, jedes Programm, das Sie jemals auf Ihrem iPhone installiert haben, bei Bedarf erneut zu installieren. Da iPhone-Programme in der Regel auch sehr klein und kompakt sind, belegen selbst ungeliebte Applikationen, die in irgendeinem Winkel auf Ihrer Festplatte vor sich verstauben, nicht nennenswert Platz und können ruhig weiter zur Verfügung gehalten werden.

Andererseits wird Ihnen die Programme-Übersicht in iTunes mit der Zeit vielleicht zu unübersichtlich und Sie möchten sich von einer Programmdatei endgültig trennen.

Programme können natürlich auch komplett aus der Mediathek entfernt werden. Das betroffene Programm landet wie jede andere gelöschte Datei im Papierkorb von Mac OS X bzw. Windows.

In diesem Fall wechseln Sie in der Mediathek auf den Eintrag Programme, klicken das Programm an, das Sie komplett löschen möchten, und drücken einmal auf die Taste **Entf**. Es erscheint die obligatorische Sicherheitsabfrage, die Sie mit einem Klick auf die Schaltfläche **Entfernen** bestätigen. Anschließend landet das Programm im Papierkorb.

Und was ist, wenn Sie es sich noch einmal anders überlegt haben, die Applikation aber schon längst im digitalen Nirvana gelandet ist? Kein Problem: Laden Sie die Applikation einfach noch einmal aus dem App Store herunter und installieren Sie sie erneut. Der App Store weiß, was Sie geladen (und bezahlt) haben und verlangt bei kommerziellen Programmen keine erneute Bezahlung, sondern rückt sie einfach noch einmal heraus.

Auf dem neuesten Stand bleiben

Mit den iPhone-Programmen ist es nicht anders als mit anderen Computer-Programmen. Sie werden immer mal wieder überarbeitet und verbessert. In diesen Fällen gibt es auch beim iPhone ein Programm-Update. Diese Updates sind in der Regel kostenlos.

Auch beim Update gibt es zwei Möglichkeiten. Sie können Ihre auf dem iPhone installierten Programme entweder direkt vom iPhone aus aktualisieren. Oder Sie benutzen dafür wieder iTunes.

Über iTunes können Sie Updates zu sämtlichen Programmen suchen und entweder einzeln oder alle auf einmal herunterladen.

Möchten Sie sämtliche Programme aktualisieren – also nicht nur die, die Sie derzeit auf dem iPhone installiert haben – rufen Sie iTunes auf. Klicken Sie hier zuerst in der Seitenleiste im Abschnitt **Mediathek** auf **Programme** und anschließend in der rechten unteren Ecke auf den Eintrag **Nach Updates suchen**.

Daraufhin nimmt iTunes Kontakt zum App Store auf. Falls Updates verfügbar sind, können Sie sich die Aktualisierungen anzeigen lassen und sie bei Bedarf natürlich auch herunterladen, um sie bei der nächsten Synchronisation auf dem iPhone zu installieren.

Die Update-Suche funktioniert beim iPhone ähnlich, beschränkt sich aber nur auf die Programme, die auf dem iPhone installiert sind – von den anderen weiß das iPhone schließlich nichts.

Rufen Sie den App Store auf und wechseln Sie im Menü unten auf den Punkte **Update**. Das iPhone überprüft nun die Versionen Ihrer Programme und zeigt Ihnen gegebenenfalls die verfügbare Updates an.

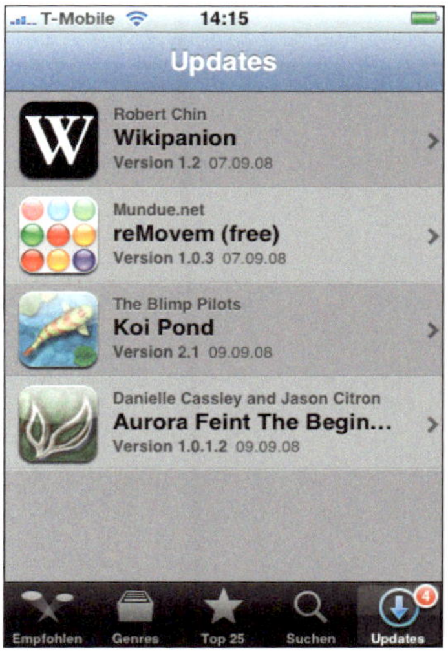

Alle Programme, die auf dem iPhone installiert sind, lassen sich auch vom iPhone aus aktualisieren. Wenn Sie keine Zeit oder Lust haben, die aktuell verfügbaren Updates zu installieren und den App Store wieder verlassen, dann ergänzt das iPhone das App-Store-Icon um ein kleines rotes Badge, in dem die Zahl der vorhandenen Updates angezeigt wird.

Der Update-Prozess unterscheidet sich ansonsten nicht von der ersten Installation eines Programms. Sie laden die Updates mit einem Tipp auf die Preisangabe (die in der Regel aus dem Wort **Kostenlos** besteht), geben Ihr iTunes-Kennwort ein und das Update wird installiert.

Die Einstellungen der Programme

Manche Programme besitzen mehr oder weniger umfangreiche Konfigurations-Möglichkeiten. Diese Einstellungen werden standardmäßig (wenn auch nicht immer) an zentraler Stelle vorgenommen, nämlich in den allgemeinen Einstellungen des iPhones.

Wie das funktioniert, können Sie leicht am Beispiel des Wikipanion ausprobieren.

Das Programm benutzt nämlich von Haus aus die amerikanische Version des Online-Lexikons. Sie können aber natürlich auch jede andere Sprache der Wikipedia benutzen. Und das geht so.

Die Einstellungen eines Programms (hier: Wikipanion) werden standardmäßig in den zentralen Einstellungen des iPhones festgelegt.

Rufen Sie vom Home-Bildschirm des iPhones die **Einstellungen** auf. Scrollen Sie in den unteren Bereich. Tippen Sie auf das Programm, dessen Einstellungen Sie ändern möchten (hier also: **Wikipanion**).

Hier können Sie nun zum einen die Schriftgröße festlegen („Font Size"), zum anderen über „Default Language" von Englisch auf Deutsch wechseln. Die Änderungen müssen nicht bestätigt werden und werden beim nächsten Start des Wikipanions wirksam.

Wie Sie den Bildschirm Ihres iPhones anpassen

Die Reihenfolge der Symbole auf dem Home-Bildschirm und die vier ausgewählten Symbole im Dock lassen sich ändern und den eigenen Bedürfnissen anpassen. So können Sie etwa Kontakte auf den ersten Bildschirm schieben oder den iPod im Dock durch SMS ersetzen (wenn Sie häufiger SMS schreiben als Musik hören, zum Beispiel). Um die Platzierung der Symbole zu ändern, gehen Sie folgendermaßen vor.

Halten Sie ein beliebiges Symbol so lange fest, bis der Bildschirm in Bewegung gerät: die Symbole wackeln („wiggle") hin und her und können nun beliebig verschoben werden.

Schieben Sie zum Beispiel das iPod-Symbol vom Dock in den Bildschirm und platzieren Sie anschließend das SMS-Symbol im Dock.

Die Symbole lassen sich problemlos auf dem Bildschirm hin- und herschieben.

Um die Kontakte nach vorn zu holen, wechseln Sie auf den zweiten Bildschirm (wischen Sie einfach mit einem Finger von rechts nach links). Anschließend tippen Sie auf Kontakte und ziehen das Symbol nach links über den Bildschirmrand hinaus. Sie landen wieder auf dem ersten Bildschirm und können das Symbol nun loslassen.

Um diesen wackligen Zustand wieder zu verlassen, drücken Sie einmal auf die Home-Taste. Die Symbole beruhigen sich wieder und bleiben an ihrem neuen Platz.

Wenn Sie genau hinsehen, werden Sie feststellen, dass sich die Zahl der Punkte in der unteren Reihe um einen erweitert, sobald die Symbole bewegt werden können.

Damit wird Ihnen symbolisiert, dass Sie nicht auf die zwei Bildschirme beschränkt sind, sondern die Programmsymbole auf beliebig viele Flächen verteilen können. Ziehen Sie dafür ein Symbol nach rechts hinaus, bis die Darstellung zum neuen Bildschirm wechselt. Dort lassen Sie das Symbol einfach los.

Vielleicht erscheint Ihnen das jetzt etwas übertrieben, aber glauben Sie mir: Wenn Sie erst einmal entdeckt haben, wie viele gute, nützliche und amüsante Programme Sie auf dem iPhone installieren können, dann werden Sie die Möglichkeit vieler Bildschirmseiten sehr zu schätzen wissen.

Hintergrundbild und Helligkeit

Das Begrüßungsbild des iPhones beim Einschalten ist standardmäßig ein Foto der Erde. Das ist hübsch, aber wenn es Ihnen nicht zusagt oder Sie gern ein Foto Ihrer Lieben, Ihres Haustiers oder was auch immer sehen möchten, können Sie das natürlich ändern.

Das Startbild („Hintergrund") festlegen

Um das Startbild anzupassen, gehen Sie folgendermaßen vor. Rufen Sie zuerst die **Einstellungen** vom Home-Bildschirm auf und wählen Sie anschließend den Eintrag **Hintergrundbild**.

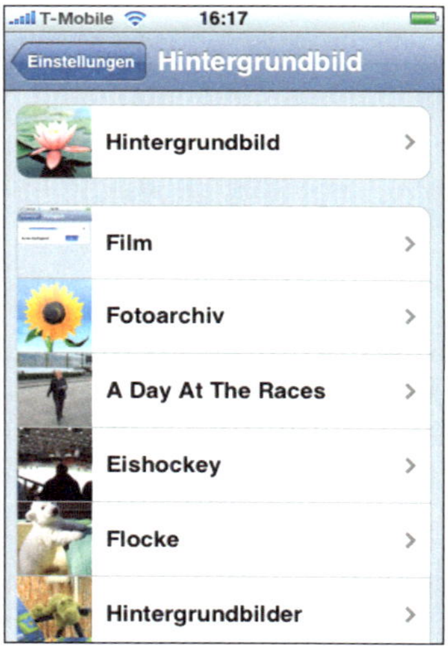

Sie können jedes Foto auf Ihrem iPhone als Hintergrundbild benutzen.

Sie können nun entweder eines der von Apple vorinstallierten Bilder benutzen (Menüpunkt **Hintergrundbild**) oder ein Bild, das Sie mit der Kamera gemacht haben (Menüpunkt **Film**) oder ein Bild, das Sie via iTunes auf Ihr iPhone kopiert haben. Wählen Sie hierfür den Menüpunkt **Fotoarchiv** bzw. eines der Alben (falls Sie Fotoalben auf Ihr iPhone kopiert haben).

Die Fotos, die Apple mitliefert, liegen bereits im passenden Format von 320 × 480 Bildpunkten vor. Aber natürlich können Sie auch größere (oder kleinere) Bilder benutzen.

Falls Ihr gewünschtes Bild nicht vollständig angezeigt werden kann, haben Sie die Möglichkeit, den Bildausschnitt zu wählen und die Größe des Bildes mit den Fingern anzupassen.

Wenn Sie mit dem Ergebnis zufrieden sind, tippen Sie auf **Hintergrund** und das iPhone speichert Ihre Wahl als neues Hintergrundbild.

Auch wenn der Menüpunkt **Hintergrundbild** heißt, bedeutet das nicht, dass Sie das gewählte Bild auf dem Home-Bildschirm(en) zu sehen bekommen. Gemeint ist hier ausschließlich das Bild, mit dem Sie Ihr iPhone beim Einschalten begrüßt.

Die Helligkeit

Von Haus aus passt das iPhone die Helligkeit des Bildschirms automatisch an. Das Ergebnis ist häufig zwar sehr gut, aber häufig heißt nicht „immer". Wenn Sie die Helligkeit einmal selbst einstellen möchten, rufen Sie zuerst die Einstellungen vom Home-Bildschirm auf und tippen auf den Eintrag **Helligkeit**.

Normalerweise sorgt die automatische Helligkeits-Regelung für ein optimal ablesbares Display. Aber natürlich können Sie die Helligkeit auch selbst regeln.

Hier können Sie zum einen die automatische Anpassung aus- und auch wieder einschalten, indem Sie auf den Schalter **Auto-Helligkeit** tippen. Bei der manuellen Anpassung verschieben Sie den Helligkeitsregler mit dem Finger, bis das iPhone so hell (oder dunkel) ist, wie Sie es wünschen.

Sicher ist sicher

Damit Ihr iPhone auch wirklich *Ihr* iPhone bleibt, auf das nur Sie den (vollen) Zugriff haben, bietet es Ihnen verschiedene Sicherheitseinstellungen. Damit können Sie den Zugriff entweder beschränken (zum Beispiel, um zu verhindern, dass Ihre Kinder damit im Internet surfen oder mit YouTube-Videos den Akku leeren) oder auch komplett sperren. Außerdem besitzt das iPhone einen Selbstzerstörungsmechanismus (naja, fast), der dafür sorgt, dass Unbefugte keine Freude an dem Gerät haben werden.

Den Zugriff beschränken

Über die Zugriffsbeschränkung verhindern Sie, dass bestimmte Funktionen aktiviert werden können. So lassen sich Safari, YouTube, iTunes, die Installation von Software und die Kamera ausschalten. Zudem können Sie beim iPod die Wiedergabe von „expliziten" Inhalten unterbinden. Gemeint sind damit etwa deftige Songtexte oder freizügige Filme.

Um diese Funktion zu aktivieren, rufen Sie die **Einstellungen** vom Home-Bildschirm auf und tippen auf den Eintrag **Allgemein**.

Der Zugriff auf einige Applikationen auf dem iPhone kann durch einen Zugangscode geschützt werden.

Hier wählen Sie den Punkt **Einschränkungen**. Tippen Sie anschließend auf **Einschränkungen aktivieren**. Nun legen Sie einen vierstelligen Zahlencode fest und können jetzt die gewünschten Einschränkungen aktivieren.

Um diese Sperre wieder aufzuheben, tippen Sie auf **Einschränkungen deaktivieren** und geben den festgelegten Code ein.

Den Zugriff sperren

Wer ein wenig Erfahrung mit Handys hat, der weiß, dass ein komplett ausgeschaltetes Gerät vor allzu neugierigen Blicken einigermaßen geschützt ist. Denn beim Einschalten wird zuerst die Eingabe des SIM-Codes verlangt. Wer den nicht kennt, kommt an dieser Stelle nicht weiter und die Datenspionage scheitert schon im Ansatz.

Beim iPhone scheint das auf den ersten Blick genau so zu sein. Nach dem Einschalten erscheint die Meldung **Gesperrtes SIM** – die aber lässt sich mit einem Tipp auf **OK** ganz einfach wegklicken.

Und danach ist der Zugang zum iPhone frei: Alle Funktionen, die nicht von der SIM-Karte kontrolliert werden – also alles außer SMS, Telefon, Anrufbeantworter und 3G/Edge – sind frei zugänglich. Man kann Ihre gespeicherten E-Mails lesen, Ihre Notizen, in Ihrem Adressbuch blättern, die Kamera benutzen, Fotos betrachten, oder die installierten Programme starten.

Ja, schlimmer noch: Sobald ein WLAN verfügbar ist, kann man mit dem SIM-gesperrten iPhone auch problemlos online gehen, also Ihre Mails abrufen oder mit Ihren Daten surfen.

Kurz: Die SIM-Sperre reicht beim iPhone bei weitem nicht aus, um es vor fremden Zugriffen zu schützen. Hier hilft nur ein Passcode. Das ist ein vierstelliger Zugangscode, der bei jedem Einschalten, aber auch bei jedem Entriegeln eingegeben werden muss, bevor man Zugriff auf das iPhone bekommt. Diesen Code legen natürlich Sie selbst fest. Und zwar so.

Mit einer Code-Sperre verhindern Sie, dass allzu neugierige Zeitgenossen mit Ihrem iPhone allerlei Allotria treiben können.

Rufen Sie die **Einstellungen** auf dem Home-Bildschirm auf und wechseln Sie zum Menüpunkt **Allgemein**. Dort wählen Sie den Eintrag **Code-Sperre**.

Es erscheint ein Eingabemenü, in dem Sie Ihren persönlichen, vierstelligen Code festlegen. Diesen Code müssen Sie anschließend zur Sicherheit noch einmal bestätigen.

Merken Sie sich den Code gut! Denn ohne ihn geht gar nichts mehr!

Nun können Sie noch einige Details festlegen (zum Beispiel ab wann die Passcode-Sperre aktiv wird) und Ihr iPhone beruhigt ausschalten bzw. verriegeln.

Um die Sperre wieder zu entfernen, rufen Sie den Punkt Code-Sperre erneut auf und legitimieren sich mit Ihrem Zifferncode.

Die Selbstzerstörungsfunktion aktivieren

Der Code schützt Ihr iPhone zuverlässig vor unerwünschten Zugriffen, doch Sie können noch einen Schritt weitergehen und die Selbstzerstörung aktivieren. Wählen Sie dafür bei den Details der Code-Sperre den Punkt **Daten löschen**.

Wenn Ihr iPhone nun in falsche Hände gerät und der Dieb durch Ausprobieren versucht, den Zahlencode zu knacken, dann löscht sich das iPhone nach Eingabe von zehn Fehlversuchen.

9

Tipps für Not- und andere Fälle

Zu guter Letzt möchte ich Ihnen noch eine paar Tipps für die tägliche Arbeit mit auf den Weg geben. Sie werden sie nicht alle benötigen – aber wenn Sie doch einmal wissen möchten, wie Sie die Akkuleistung optimieren oder was Sie tun können, um Ihr iPhone wieder zum Leben zu erwecken, dann können Sie hier Hilfe finden.

So überprüfen Sie Ihre iPhone-Nutzung

Wenn Sie wissen möchten, wie viele Ihrer Freiminuten Sie bereits vertelefoniert haben oder wie groß Ihr Datenumsatz im aktuellen Abrechnungszeitraum ist, dann schauen Sie einfach auf Ihrem iPhone nach, das speichert diese Daten nämlich.

Rufen Sie dafür die **Einstellungen** vom Home-Bildschirm auf und wählen Sie den Punkt **Allgemein**. Tippen Sie dort auf **Benutzung** und Sie erhalten eine vollständige Übersicht über die Akkulaufzeit, die vertelefonierten Minuten und die gesendeten bzw. empfangenen Datenmengen.

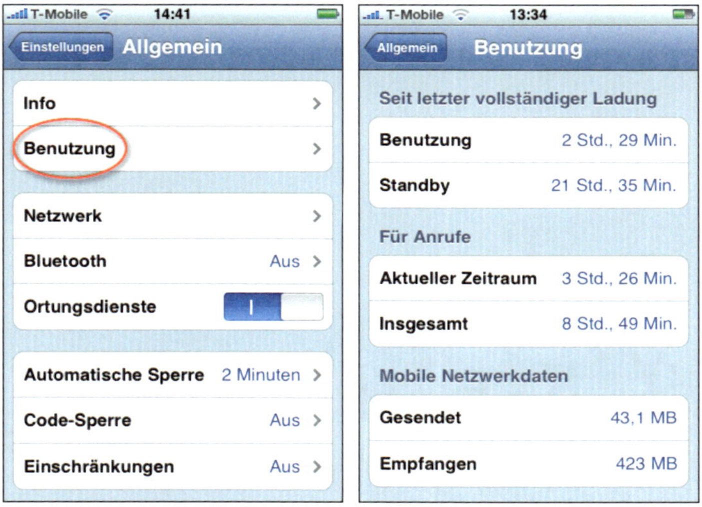

Über die Einstellungen haben Sie jederzeit Ihre Nutzung des iPhones im Blick.

Wenn Sie regelmäßig, etwa an jedem Ersten eines Monats, unten auf die **Schaltfläche Statistiken zurücksetzen** tippen, haben Sie Ihren Verbrauch immer gut im Blick.

So schonen Sie den Akku

So toll das iPhone auch ist – es nutzt Ihnen gar nichts, wenn ihm der Saft ausgeht. Da Sie den Akku nicht austauschen und einen leeren nicht durch einen wohl gefüllten Reserveakku ersetzen können, ist es ratsam, den Stromverbrauch im Auge zu behalten, und im Falle der Stromnot die größten Energiefresser stillzulegen:

Bildschirm dunkler stellen Wie bei allen elektronischen Geräten ist das Display der größte Stromfresser des iPhones. Je weniger stark es leuchtet, desto weniger Strom verbraucht es. Desto schlechter ist es natürlich auch abzulesen, aber wenn Sie dringend Strom sparen müssen, kann ein etwas schlechter abzulesender Bildschirm ein akzeptabler Kompromiss sein. Rufen Sie die **Einstellungen** auf, tippen Sie auf **Helligkeit**, schalten Sie **Auto-Helligkeit** aus und verdunkeln Sie das Display, indem Sie den Regler nach links schieben.

Bluetooth ausschalten Ohne Bluetooth-Headset ist Bluetooth beim iPhone reichlich sinnlos. Wechseln Sie dazu zu den **Einstellungen**, wählen Sie den Punkt **Allgemein** und tippen Sie hier auf **Bluetooth**. Jetzt können Sie den Stromfresser ausschalten.

Die ständigen Online-Verbindungen sind große Stromfresser. Wenn sie nicht benötigt werden, sollten Sie sie deaktivieren.

WLAN/Wi-Fi ausschalten Was für Bluetooth gilt, gilt auch für WLAN. Wenn Sie keinen Hotspot in der Nähe haben und sich auch sonst keine Gelegenheit bietet, die WLAN-Fähigkeit des iPhones zu nutzen, sollten Sie den WLAN-Empfänger ausschalten, um Strom zu sparen. Rufen Sie die **Einstellungen** auf, tippen Sie auf den Eintrag **Wi-Fi** und schalten Sie den Wi-Fi-Empfang aus.

3G ausschalten 3G ist schnell, aber auch ein schneller Akkuleerer. Wenn Sie keinen flotten Internetzugang benötigen (oder ohnehin keinen 3G-Empfang haben), sollten Sie ihn Ihrem Akku zuliebe deaktivieren. Öffnen Sie die **Einstellungen** und tippen Sie auf **Allgemein**. Wählen Sie hier den Punkt **Netzwerk**. Nun können Sie **3G** über einen Schiebeschalter aus- und einschalten.

Gutes Signal spart Strom Achten Sie beim Telefonieren auf die Anzeige der Signalstärke. Je weiter sie ausschlägt, desto besser ist nicht nur Ihr Empfang, sondern desto weniger Strom verbraucht Ihr iPhone beim Telefonieren.

Push und Mailabruf ausschalten Der automatische Mailabruf ist eine feine Sache, aber leider ebenfalls ein recht energiehungriges Verfahren. Auch das lässt sich abschalten: **Einstellungen > Neue Daten laden**. Hier deaktivieren Sie **Push** und wählen für Mail den Eintrag **Manuell**.

Alles ausschalten Es gibt Situationen, in denen Sie weder die Telefon- noch die Online-Funktionen Ihres iPhones benötigen oder einsetzen können. In solchen Situationen sollten Sie zum Stromsparen einfach alle Funkverbindungen des iPhones ausschalten, indem Sie in den **Einstellungen** den **Flugmodus** aktivieren.

Das iPhone zurücksetzen

Bei der Arbeit mit dem iPhone werden die verschiedensten Daten und Einstellungen gespeichert. Das ist natürlich erwünscht, kann aber in seltenen Fällen manchmal auch zu Problemen bis hin zu unregelmäßigem Verhalten des iPhones führen. Da kann es helfen, die gespeicherten Einstellungen zu löschen und das iPhone zurückzusetzen.

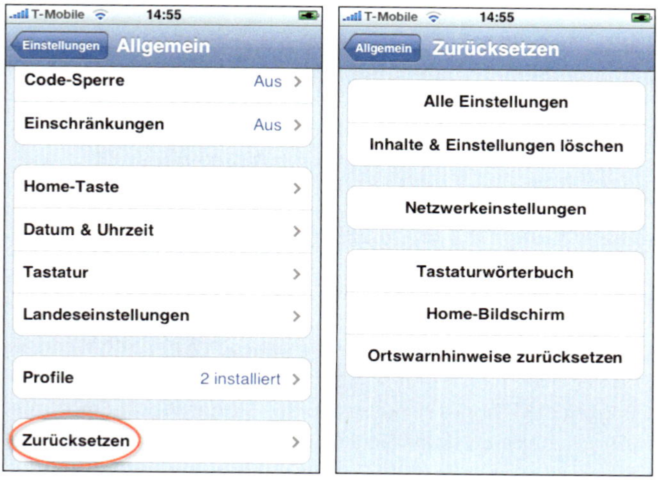

Wenn Sie Ihr iPhone ganz oder teilweise in seinen Ausgangszustand versetzen möchten, können Sie verschiedene Einstellungen zurücksetzen.

Rufen Sie die **Einstellungen** auf und wählen Sie den Punkt **Allgemein**. Scrollen Sie bis ganz ans Ende der Seite. Dort finden Sie den Punkt **Zurücksetzen**. Hier haben Sie nun verschiedene Möglichkeiten:

Alle Einstellungen Damit werden alle gespeicherten Einstellungen gelöscht und das iPhone in seinen Ausgangszustand versetzt. Die von Ihnen eingegebenen oder auf das iPhone kopierten Daten oder Medien werden dabei nicht gelöscht.

Inhalte & Einstellungen löschen Hiermit löschen Sie Ihr komplettes iPhone, also nicht nur die Einstellungen, sondern auch sämtliche Daten und Medien. Anschließend muss Ihr iPhone an iTunes angeschlossen und erneut aktiviert werden. Diese Option sollten Sie nur dann wählen, wenn Sie Ihr iPhone für längere Zeit aus der Hand geben müssen, etwa, weil es zur Reparatur oder umgetauscht werden muss.

Netzwerkeinstellungen Dieser Punkt löscht alle gespeicherten Netzwerkkonfigurationen, also zum Beispiel die gespeicherten Kennwörter zu bekannten WLANs.

Tastaturwörterbuch Das iPhone merkt sich Ihre Korrekturen der Korrekturvorschläge und ist lernfähig. Leider lernt es auch Fehler oder falsche Eingaben. Wenn Sie das Tastaturwörterbuch wieder in seinen Ausgangszustand bringen wollen, dann tippen Sie auf diesen Eintrag.

Home-Bildschirm Über diese Option werden alle Programmsymbole auf dem Home-Bildschirm wieder so angeordnet, wie sie es ursprünglich waren.

Ortswarnhinweise zurücksetzen Möchten Sie einem Programm die Erlaubnis, die Positionserkennung des iPhones zu benutzen, wieder entziehen, haben Sie nur eine Möglichkeit: Entziehen Sie diese Erlaubnis sämtlichen Programmen.

Reset für Programme

Programme werden üblicherweise beendet, indem man sie über die Home-Taste beendet. Dabei bleibt der aktuelle Datenbestand möglichst erhalten, so dass Sie beim nächsten Programmstart da weitermachen können, wo Sie aufgehört haben. Doch das ist nicht immer erwünscht. Bei iTunes zum Beispiel gibt es keine Möglichkeit, die Musikwiedergabe komplett zu beenden, Sie können sie lediglich pausieren.

Doch Sie können ein Programm auch zurücksetzen oder resetten. Damit löschen Sie zum Beispiel die aktuelle Wiedergabeliste in iTunes. Drücken Sie dafür die Home-Taste dazu nicht nur einmal kurz, sondern einige Sekunden lang. Und zwar so lange, bis der Bildschirm kurz schwarz wird und Sie sich wieder auf dem Home-Bildschirm wiederfinden.

Das iPhone resetten

Das iPhone ist ein Computer. Und Computer können, leider, auch einmal abstürzen. So kann es passieren, dass eine Applikation einfriert und das komplette iPhone lahm legt, das auf keinen Tastendruck mehr reagiert und sich auch nicht mehr ausschalten lässt.

In diesem Fall können Sie einen Reset des iPhones durchführen. Dabei schaltet es sich kurz aus und startet dann erneut.

Drücken Sie die Home- und die Standby-Taste gleichzeitig. Und zwar so lange, bis das Apple-Logo erscheint und das iPhone neu bootet. Es kann übrigens einige Zeit dauern, bis der Bootvorgang abgeschlossen ist, lassen Sie Ihrem iPhone also ruhig mal zehn Minuten oder auch länger Zeit.

Speicherprobleme mit dem iPhone

Bei besonders großen, speicherintensiven Programmen – dabei handelt es sich fast immer um grafisch aufwendige Spiele – können Sie unversehens in ein Speicherproblem geraten. Dann wird mehr Speicher benötigt, als aktuell zur Verfügung steht (denn nicht alle Programme geben den nicht mehr benutzten Speicher korrekt wieder frei). In diesem Fall schalten Sie das iPhone kurzerhand komplett aus – also nicht einfach nur in den Standby-Modus – und starten es neu.

Nicht immer warnt ein Programm so wie hier davor, dass zu wenig Speicher zur Verfügung steht. Die meisten stürzen einfach nur kommentarlos ab.

Das iPhone wiederherstellen

Falls Ihr iPhone einmal nicht so funktioniert, wie es soll, können Sie es mit wenigen Handgriffen auf den Werkzustand zurücksetzen. Dabei werden sämtliche Daten auf dem iPhone gelöscht und das Betriebssystem neu installiert. Keine Sorge – Datenverlust ist dabei so gut wie ausgeschlossen, weil iTunes bei jedem Sync ein Backup anlegt und diese Daten nach der Wiederherstellung auf das iPhone zurückgeschrieben werden können. Sie sollten sich allerdings ein wenig Zeit nehmen, da die Wiederherstellung etwas länger dauert.

Schließen Sie Ihr iPhone an Ihren Computer an und starten Sie iTunes. Wählen Sie auf der Registerkarte Übersicht den Punkt **Wiederherstellen**. Anschließend erscheint ein Dialog, der Ihnen anbietet, Ihre gesicherten Daten auf das iPhone zu kopieren.

Der Wartungszustand

Wenn Ihr iPhone überhaupt nicht mehr zu reagieren scheint und beim Einschalten über das Apple-Logo nicht hinauskommt, wird es Zeit für die schweren Geschütze: Versetzen Sie Ihr iPhone in den Wartungszustand. Anschließend wird es von iTunes als „Gerät im Wartungszustand" erkannt und kann wiederhergestellt werden. Im schlimmsten Fall verlieren Sie alle Daten seit dem letzten Backup.

Trennen Sie gegebenenfalls Ihr iPhone von Ihrem Computer (auf dem Sie schon einmal iTunes starten sollten). Schalten Sie nun Ihr iPhone komplett aus, indem Sie den Standby-Schaltfläche so lange gedrückt halten, bis der rote Schiebeschalter erscheint und Sie das Gerät ausschalten können.

Halten Sie nun die Home-Taste gedrückt und schließen Sie das iPhone an Ihren Computer an. Das iPhone sollte sich jetzt einschalten und Sie das Apple-Logo sehen. Halten Sie weiterhin die Home-Taste gedrückt. Und zwar solange, bis das iPhone die Meldung bringt, dass Sie es mit iTunes verbinden sollen. Gleichzeitig sollte iTunes eine Meldung anzeigen, dass ein iPhone im Wartungszustand erkannt wurde und Ihnen anbieten, es wiederherzustellen.

Falls sich das iPhone nicht mehr ausschalten lässt, verbinden Sie es mit dem Computer und starten Sie iTunes. Halten Sie dann die Home- und die Standby-Taste so lange gedrückt, bis sich das iPhone ausschaltet und neu bootet. Lassen Sie dann die Standby-Taste los, halten Sie aber weiterhin die Home-Taste gedrückt, bis die iTunes-Meldung erscheint.

Bildschirmfotos mit dem iPhone

Vielleicht haben Sie sich schon gefragt, wie ich die Bildschirmfotos gemacht habe, die Sie in diesem Buch abgebildet sehen. Ganz einfach: Das ist eine Funktion des iPhone-Betriebssystems. Drücken Sie gleichzeitig die Home- und die Standby-Taste. Das iPhone macht ein Kamerageräusch, der Bildschirm wird kurz weiß und schon ist der aktuelle Bildschirminhalt als PNG-Grafik im **Film**-Verzeichnis von **Fotos**.

Die Weltzeit im iPhone

Wer viel unterwegs ist und dabei verschiedene Zeitzonen durchquert oder wer in der See-, Luft- oder Raumfahrt, beim Militär oder der Wetterforschung tätig ist, oder an internationalen Projekten mitarbeitet, der ist daran gewöhnt, dass sich Zeitangaben auf einen weltweiten Standard beziehen, der so genannten „Koordinierten Weltzeit". Das internationale Kürzel lautet UTC.

Auch das iPhone lässt sich auf diese internationale Zeit einstellen. Fügen Sie der Uhr einfach eine neue Uhr hinzu und geben Sie als Ort „UTC" an.

Wenn Sie Ihr iPhone vollständig auf UTC umstellen möchten, dann rufen Sie **Einstellungen** > **Allgemein** >**Datum & Uhrzeit** > **Datum & Uhrzeit einstellen** auf und geben hier ebenfalls „UTC" an.

Dauerhafte GROSSBUCHSTABEN

Normalerweise genügt im Alltag die einfache Großbuchstaben-Funktion der Tastatur. Doch wenn Sie häufiger mehrere Großbuchstaben nacheinander eintippen müssen, dann ist der ständige Wechsel zwischen Groß- und Kleinschreibung etwas ärgerlich. Hier bräuchte man die von einer normalen Tastatur gewohnte Möglichkeit, dauerhaft auf Großschreibung zu wechseln.

Die Feststelltaste des iPhones wird nur selten benötigt und ist daher von Haus aus nicht eingeschaltet. Sie lässt sich aber problemlos aktivieren.

Auch so eine „Feststelltaste“ bzw. „Caps-Lock“ hat das iPhone zu bieten. Allerdings ist sie von Haus aus nicht aktiviert und muss bei Bedarf eingeschaltet werden. Dazu tippen Sie auf dem Home-Bildschirm auf **Einstellungen** und dort auf den Eintrag **Allgemein**. Nun müssen Sie ein wenig nach unten scrollen, indem Sie den Bildschirminhalt mit dem Finger nach oben schieben, bis Sie den Eintrag **Tastatur** sehen. Tippen Sie auf diesen Eintrag und schalten Sie mit einem weiteren Fingertipp die **Feststelltaste** ein.

Wenn Sie nun mit dem Editor arbeiten, können Sie die Feststelltaste (Caps-Lock) mit einem Doppeltipp auf die Shift-Taste aktivieren. Die Taste verfärbt sich dabei zur Markierung blau. Ein weiterer Tipp oder der Wechsel zwischen den Tastaturbelegungen deaktiviert die Großschreibung wieder.

Die internationale Tastatur

Wie im ersten Kapitel erwähnt, kann die Tastatur nahezu beliebig angepasst werden. Wenn Sie häufiger fremdsprachige Texte eingeben müssen, ist es problemlos möglich, die Belegung der Tastatur um die spezifischen Zeichen der gewünschten Sprache zu ergänzen. Das geht so.

Tippen Sie auf dem Home-Bildschirm auf die **Einstellungen**. Dort wechseln Sie in den Abschnitt **Allgemein**, wo Sie den Punkt **Landeseinstellungen** wählen. Hier tippen Sie auf **Tastaturen** und sehen nun eine lange Liste möglicher Spracheinstellungen, die von Dänisch über Finnisch bis Japanisch, Russisch und

Chinesisch reicht. Die gewünschte Sprache aktivieren Sie über den entsprechenden Schalter neben dem Eintrag.

Sobald Sie nun Text eingeben, werden Sie feststellen, dass die Tastatur links neben dem Leerzeichen um eine Weltkugel ergänzt wurde. Ein Tipp auf diese Kugel und schon ändert sich die Belegung in die aktivierte Sprache.

Das iPhone beherrscht über 20 verschiedene Sprachen und Tastaturbelegungen. Sobald eine internationale Tastatur aktiviert ist, erscheint eine Weltkugel neben der Leertaste, über die Sie zwischen den Belegungen wechseln.

Die internationalen Tastaturen lassen sich auch über einen zweiten Weg aktivieren: **Einstellungen > Allgemein > Tastatur > Internationale Tastaturen**.

Wohin führt ein Link in Safari?

Manchmal möchte man zuerst wissen, bei welcher Adresse man nach einem Klick (oder in diesem Fall: Tipp) auf einen Link wohl landen wird. Beim Browser auf dem Computer gibt es hierfür die Statusleiste unten, die beim mobilen Safari aus Platzgründen nicht verfügbar ist. Aber das macht nichts: Tippen Sie auf den entsprechenden Link und halten Sie Ihren Finger gedrückt. Safari blendet nach wenigen Sekunden die Adresse des Links ein. Wenn Sie nicht dort hin wollen, wohin Sie der Link bringen würde, ziehen Sie Ihren Finger einfach auf eine andere Stelle des Bildschirms und lassen los. Andernfalls können Sie Ihren Finger vom Link nehmen und Safari lädt die gewünschte Seite.

Auch bei Mobile Safari müssen Sie einem Link nicht einfach blind folgen.

Aus is'

Damit Ihr iPhone den Akku nicht mit Nichtstun leersaugt, können Sie festlegen, nach wie viel Minuten ohne Aktivitäten sich das Gerät automatisch in den Standby-Betrieb versetzen soll. Rufen Sie dafür die **Einstellungen** auf und wechseln Sie zum Eintrag **Allgemein**.

Dort stellen Sie unter **Automatische Sperre** ein, wann sich Ihr iPhone schlafen legen soll.

Index

I

J

K

L

M

U

V

W

Y

Z

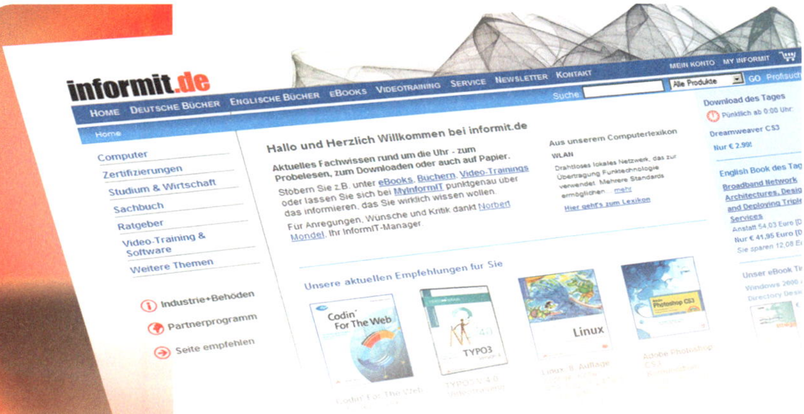
informit.de
Home
Deutsche Bücher
Englische Bücher
eBooks
Videotraining
Service
Newsletter
Kontakt
Hallo und Herzlich Willkommen bei informit.de
Unsere aktuellen Empfehlungen für Sie